El hombre que cambió su casa por un tulipán

Divulgación
Actualidad

Esta obra resultó ganadora de la II edición del Premio De Hoy 2009, convocado por Ediciones Temas de Hoy, Grupo Planeta, y fallado por un jurado compuesto por Santiago Dexeus, Fernando García de Cortázar, Santi Santamaria, Alejandra Vallejo-Nágera y Belén López Celada.

Fernando Trías de Bes

El hombre que cambió su casa por un tulipán

Qué podemos aprender de la crisis y cómo evitar que vuelva a suceder

temas'de hoy.

El papel utilizado para la impresión de este libro es cien por cien libre de cloro y está calificado como **papel ecológico**.

Ediciones Temas de Hoy es un sello editorial de Editorial Planeta, S. A.
Avinguda Diagonal, 662, 6.ª planta. 08034 Barcelona (España)
www.temasdehoy.es
www.planetadelibros.com

Fotografía del autor: © Uly Martín / EL PAÍS
Primera edición en Colección Booket: septiembre de 2010
Segunda impresión: febrero de 2011
Tercera impresión: noviembre de 2012
Cuarta impresión: abril de 2015
Quinta impresión: febrero de 2018

Depósito legal: B. 5.799-2011
ISBN: 978-84-8460-844-8
Impresión y encuadernación: CPI (Barcelona)
Printed in Spain - Impreso en España

Biografía

Fernando Trías de Bes nació en Barcelona en 1967. En narrativa empresarial, ha publicado los libros *Marketing lateral* (2003), *La buena suerte* (2004), *El vendedor de tiempo* (2005), *El libro negro del emprendedor* (2007), *El hombre que cambió su casa por un tulipán* (Premio De Hoy, 2009), *Mil millones de mejillones* (2010), *Innovar para ganar* (2011) y *El gran cambio* (2013). Es también autor del libro de cuentos breves *Relatos absurdos* (2006) y de las novelas *Palabras bajo el mar* (2006), *El coleccionista de sonidos* (2007), *La historia que me escribe* (2008) y *Tinta* (2012). Sus libros han sido traducidos a más de treinta idiomas. Fernando Trías de Bes fue colaborador de *El País Semanal,* ONDA CERO y actualmente lo es de *La Vanguardia*.

ÍNDICE

A Felipe Artalejo Poater.
Él me ayudó a interpretar el trasfondo de los asuntos económicos, así como a profundizar en los principios del buen ahorrador

PRÓLOGO A LA EDICIÓN DE BOLSILLO 2010

Entregué el manuscrito de *El hombre que cambió su casa por un tulipán* a finales de 2008. Escribo este prólogo a la edición de bolsillo a finales de mayo de 2010, así que han transcurrido unos diecisiete meses desde entonces.

Es inaudito porque, por un lado, en este tiempo ha habido importantísimos acontecimientos para la economía. Pero, por otro lado, las conclusiones aquí escritas sobre la duración de la crisis, la evolución del desempleo o el crecimiento económico siguen teniendo la misma vigencia.

Como economista, no estoy demasiado a favor de las predicciones. Los economistas no somos adivinos. Pero sí que debemos diagnosticar. Todavía no sé si las (pocas) previsiones que estas páginas contienen van a cumplirse, pero, de momento, lo que sí estoy comprobando es que el diagnóstico de la situación era el apropiado. Eso tiene la ventaja de que nos permite disponer, al menos, de referentes históricos que nos ayuden a dimensionar el problema al cual nos estamos enfrentando. De eso, de referentes históricos, este libro sí está plagado.

Es imposible no comentar, aunque sea sucintamente, en este prólogo algunos hitos fundamentales desde que empezó la crisis: el aumento generalizado del déficit, la continuada emisión de deuda pública, el rescate de Grecia, la histórica decisión de los gobiernos europeos y del BCE para salvar el euro de los ataques especulativos y, por último, en el caso español, el giro copernicano del gobierno de Zapatero al rebajar sueldos de funcionarios y congelar pensiones como solución de emergencia que sostenga la credibilidad de España en los mercados financieros.

Respecto al aumento generalizado del déficit, creo que es conveniente comprender por qué se ha producido. La crisis financiera internacional y la explosión de las burbujas inmobiliarias de países como Irlanda, España, Estados Unidos o Inglaterra, entre otros, provocaron una contracción del crédito de la banca comercial. Como todo el mundo sabe, la restricción crediticia se cebó sobre las empresas productivas, afectando gravemente a la economía, lo que tarde o temprano se iba trasladando al empleo, en unos países (como el nuestro) con más crudeza que en otros.

En toda Europa y también en Estados Unidos, Keynes resucitó de entre los muertos y, retomando su manual de instrucciones, la mayoría de gobiernos occidentales actuaron de forma decidida. El objetivo era sostener el PIB de sus estados. Si la demanda privada no funcionaba, lo haría la pública. En el caso español, tras unos años de cuentas públicas saneadas, entramos, Plan E mediante, en un déficit galopante, provocado, no sólo por el aumento desbocado del gasto, sino también por la alarmante reducción de la recaudación de impuestos. Europa ya nos ha llamado al orden: no podemos seguir con un déficit superior al 10% del PIB.

Es cierto que casi todos los gobiernos occidentales han actuado de este modo, pero que todo el mundo haga una misma cosa no significa que sea la apropiada. Los gobiernos gozan de buenos analistas económicos y se sabe que un gasto desmedido de uno o dos años no va a erradicar una crisis que se adivina duradera. ¿Por qué entonces gastar y gastar dinero público con tal de sostener unas economías obligadas, tarde o temprano, a adelgazarse? La respuesta es sencilla: por motivos políticos. Como explico en este libro, la economía requiere a menudo decisiones pensando en el largo plazo; y el ciclo político sólo entiende de corto plazo.

En el caso español, si bien se ha esgrimido que el endeudamiento público era uno de los más bajos de Europa (lo que era verdad) y teníamos margen para el déficit, no es menos cierto que el endeudamiento privado (familias y empresas) es uno de los más altos del mundo, calculado en relación al PIB. En ese sentido los mercados no han visto con buenos ojos el endeudamiento del estado español. Sumado al privado, el nivel de deuda que tenemos es preocupante. El endeudamiento total de España es uno de los más elevados del mundo. Nunca en la Historia de nuestro país habíamos debido tanto dinero, sumada la deuda pública y privada. Si el déficit público persiste, la deuda se agranda. Y como nuestro PIB se está reduciendo año a año, la capacidad de devolución de la deuda se resiente. De ahí, la desconfianza que se está extendiendo en el mundo acerca de la capacidad de España para devolver lo que debe.

Durante este año, los gobiernos europeos se han propuesto dar garantías plenas a los mercados. Por eso la bolsa rebotó durante unos meses. El mensaje era claro: «señores inversores, compren la deuda que haga falta porque no vamos a permitir que ningún país la deje impagada».

Intentamos solucionar que nos hemos endeudado demasiado a base de más endeudamiento. El endeudamiento público ha ido, de forma indirecta, a socorrer el privado, lo que es un craso error, además de un suicidio económico colectivo. En economía existen mecanismos para prorrogar y retrasar las consecuencias de los excesos, eso es cierto. Pero también es cierto que no pueden alargarse indefinidamente esos excesos y desequilibrios. Tarde o temprano, se han de pagar.

Todo el terremoto que estamos viviendo en la actualidad sobre el rescate de Grecia y el posible contagio hacia España, Portugal o Italia no es más que la aproximación al límite que tiene «hacer más grande la pelota». Se ha dicho que España no es Grecia. Pero si algo no podemos obviar es que el rescate griego no se ha originado sólo por el falseamiento de sus cuentas públicas, lo que no es poco, o por el exceso de deuda, sino también por una retirada de la confianza de los inversores internacionales. En realidad, no se trata tanto de si los desequilibrios de Grecia son iguales o mayores que los españoles, sino de si gozamos todavía de la confianza de los mercados. Ése es el punto esencial.

Hay algo aquí que me gustaría aclarar. Imagine que usted necesita dinero y lo pide al banco. Si el banco le concede el crédito, éste no se va a meter en si sale usted a cenar marisco, se va de vacaciones a las Seychelles o si ha logrado un encargo profesional la semana siguiente. El banco espera el vencimiento de sus recibos y, mientras usted los pague, le trae bastante sin cuidado cómo viva. Ahora bien, si el banco no le da el crédito y usted le pide el dinero a su vecino de escalera, el asunto es distinto. El lunes siguiente, tal vez cuando se encuentren en el parking, el vecino le preguntará si su trabajo va mejor y no sería de extrañar que le haga algún comentario si lo ve a usted con su mujer tomando marisco en el restaurante de la esquina. «Oye, yo te dejo dinero para salir adelante, pero no para que te des la vida padre», le dirá el vecino.

Entre países pasa exactamente lo mismo. Mientras los mercados financieros tengan confianza en nuestro país, no nos piden demasiadas explicaciones. Nos controlan continuamente, nos evalúan y luego renuevan los créditos. Pero no serán ellos quienes digan si hemos de dejar de salir a cenar o si nos hemos de bajar los sueldos un 1%. Los bancos y los mercados son tan fríos como sibilinos. Te dejan dinero y un buen día te lo dejan de prestar. En cambio, cuando es un país vecino quien ha de prestar el dinero, sí que se va a ocupar de condicionar ese rescate al nivel de vida del país rescatado. Cuando Grecia iba a hacer *default* (impago de su deuda) y los estados miembro de la UE, sus vecinos, juntamente con el FMI, deciden prestarle lo que los bancos no le prestaban, entonces, impusieron sus condiciones.

Eso explica que el gobierno Zapatero haya anunciado las duras medidas antisociales que anunció a inicios de mayo, la semana pasada a la que escribo estas líneas. Por eso, a mí me importa bastante poco si España está mejor o peor que Grecia (en desempleo, por ejemplo, estamos peor). Lo importante es si todavía generamos la misma confianza que los mercados e inversores, 24 meses atrás, tenían en nosotros. No se trata de estar mejor o peor que Grecia, sino de conservar la confianza de los prestamistas internacionales. Y la confianza, como todo el mundo sabe, es algo que no admite gradientes. O confías en alguien o no confías. Y en asuntos de dinero, todavía más.

En estos momentos, España está bajo amenaza de esa pérdida de confianza y ése es el único motivo que movió a Zapatero a contradecir su propia ideología, su propio programa político y sus propias promesas. Los presidentes de Estados Unidos y de China, las dos potencias del mundo, llamaron a Zapatero al orden. O dábamos claros signos de que nos tomamos en serio la devolución de nuestra deuda o tendrán que ser nuestros vecinos quienes nos rescaten. Y si el dinero viene del vecino, lo del 5% de los funcionarios y congelación de pensiones, por ejemplo, es sólo un aperitivo de lo que nos pueden llegar a exigir. Y si no lo creen así, recuerden la violencia desatada en las calles de Atenas al conocer las obligaciones impuestas por Alemania para votar a favor del rescate.

En este sentido, la última medida que han tomado los estados miembro de la UE, conjuntamente con el BCE y el FMI, es, asimismo, histórica. Se han previsto 750 000 millones de euros entre fondos para rescates y bonos europeos, con el fin de proteger el euro de los ataques de los especuladores a las deudas soberanas. Puede que esta medida tranquilice los mercados y las bolsas un tiempo. Pero es fundamental que no llegue a utilizarse nunca este dinero porque, en tal caso, estaríamos ante una tercera y, esta vez última, huida hacia delante del nivel de endeudamiento alcanzado en Europa. Esta política viene a decir: «Si en un momento dado los mercados no renuevan la deuda de algún estado miembro, el BCE la comprará financiándose después en los mismos mercados con euro bonos, es decir, deuda participada de forma proporcional por todos los estados miembro de la UE».

En otras palabras, cuando el banco no renueve el crédito a cinco vecinos de la escalera, la comunidad de vecinos los financiará y pedirá un crédito de parte de la totalidad de vecinos, dado que hay algunos más fiables y menos endeudados.

Si esto llega a suceder, veremos qué dicen los alemanes y los franceses. Porque esta medida suena más a efecto placebo que a compromiso real. Si esto llega a suceder de verdad, si más países de la zona euro han de ser rescatados y la UE ha de emitir deuda europea, estaremos escampando el problema para postergarlo.

No es demasiado distinto a lo que sucedió con las *subprime,* pero a otro nivel. Recuerden que los bancos de inversión estadounidenses revendían hipotecas basura en forma de fondos de inversión a base de mezclarlas con otras hipotecas más fiables. Que el BCE emita deuda de todos los estados miembro con tal de financiar la deuda basura de algunos países de la Unión, se parece mucho a esos productos estructurados que contienen deudas de particulares solventes e insolventes mezclados.

Es una buena solución a corto plazo, pero puede convertirse en una losa para el euro, si realmente los países europeos no «hacen los deberes». Y hacer los deberes se resume en empezar a devolver todo el dinero que tomamos prestado para comprar y revender activos, para financiar una increíble burbuja especulativa que esta vez se cebó en el inmobiliario, al igual que en 1636 se cebó en los tulipanes. «Hacer los deberes» es reducir déficit público, aplicar criterios más racionales de gasto público, evitar el dispendio, fomentar el ahorro, recuperar la competitividad que hemos perdido y ponernos a exportar de forma continuada.

Los hombres cambiamos casas por tulipanes. Esperemos que, por enésima vez, no caigamos en el mismo error. Porque esta vez lo que tenemos para revender no son tulipanes, sino deuda de los estados miembro de la UE. Y cuando una burbuja de deuda explota, lo que cae con ella es, única y llanamente, la moneda que la sostiene. Nos estamos jugando mucho más que la confianza de los mercados. Nos jugamos el euro. Nos jugamos que la Unión Europea no haya sido, como vulgarmente se dice, un *bluff*.

FERNANDO TRÍAS DE BES

Barcelona, mayo de 2010

PRELIMINAR: ¿qué pretende este ensayo?

El pasado es un prólogo.
WILLIAM SHAKESPEARE

El mundo ha vivido en el año 2008 un crac financiero sólo equiparable por su magnitud y alcance al de 1929. Cuesta comprender cómo ha podido suceder algo así, e incluso muchos economistas se lo preguntan.

Un crac viene precedido de una época de euforia irracional donde hasta los más prudentes olvidan cuál es el valor real de las cosas. Todos nos convertimos en necios y confundimos el valor con el precio.

Durante la burbuja especulativa de las empresas *puntocom* se contaban por miles las personas que compraban y vendían acciones de Terra, Yahoo y similares para ganar dinero de forma rápida. No hace falta ir tan lejos: hasta hace sólo unos meses los ciudadanos de a pie invertían los ahorros de toda una vida en acciones del Santander, Telefónica o Repsol, por citar algunos de los principales valores del Ibex 35, o bien en el mercado inmobiliario, esperando obtener las mismas suculentas revalorizaciones que sus amigos, familiares o compañeros de trabajo afirmaban haber conseguido. Se sentían inútiles por no ganar tanto como ellos. Cuando la bolsa subía como la espuma, era habitual subirse a un taxi cuya emisora sintonizada fuese una especializada en economía: diales radiofónicos del dinero donde sabios tahúres y supuestos visionarios emitían sus veredictos acerca de los valores que iban a experimentar el próximo auge. Después el propio taxista (con todos los respetos para estos profesionales) matizaba cualesquiera de estas predicciones al pasajero, en especial si éste tenía pinta de ejecutivo. La bolsa, antaño reducto de inversores, grupos financieros y agentes de cambio, se convirtió en un mercado municipal al que cualquier persona acudía a especular.

No es un fenómeno nuevo. En 1929, el limpiabotas que regularmente rutilaba los zapatos de Joe Kennedy le recomendó que, como él había hecho ya con sus modestos ahorros, invirtiese en ferrocarriles y petroleras, pues eran los valores que iban a subir de manera inminente. Kennedy dedujo que si un limpiabotas había invertido sus ahorros en la Bolsa de Nueva York, sin duda el mercado estaba sobrevalorado.[1]

En épocas de euforia financiera, buena parte de la población general se convierte en especuladora sin saberlo, ajena al abismo al cual va a precipitarse, desconocedora de que juega con fuego. Tal vez entre y salga de la bolsa a tiempo y gane algo de dinero,

1. Solar, David, *1929, la quiebra de Wall Street,* «La aventura de la historia», Arlanza ediciones, Madrid, 2004.

pero incluso bajo este supuesto ignorará que su acto dista poco de «invertir» los ahorros en décimos de lotería.

Insisto en que esto no es asunto de unos pocos ni es un fenómeno aislado. Según el diario *Público,* en España más de 5 millones de hogares invierten directa o indirectamente en bolsa, a través de planes de pensiones o fondos de inversión. La exposición a los vaivenes bursátiles afecta al 25% del ahorro de las familias españolas.[2] Poco antes del estallido de las *puntocom,* los particulares españoles tenían el 10% de su ahorros en acciones que cotizaban en la Bolsa de Madrid.[3] Todavía uno de cada diez hogares invierte con regularidad alguna cantidad en bolsa.[4]

Y es que basta que un país vea dispararse sus valores financieros para que una masa de insensatos acuda en tromba a colocar sus ahorros en unos activos cuyo riesgo pocos están capacitados para valorar. Es revelador el fragmento de este artículo que reflejaba lo que sucedía en la Bolsa de China durante la primavera del 2007:

> Lo más impresionante es ver cómo una colección de parados, pensionistas, amas de casa, estudiantes, prejubilados o funcionarios de medio pelo se entregan en cuerpo y alma a sus cábalas bursátiles. La escena es surrealista: una señora entrada en años hace punto sentada en una silla, frente a la gran pantalla; un hombre se acomoda en unos asientos más allá y comienza a engullir su comida. Alrededor, en corrillos improvisados, se fuma, ríe y charla animadamente.

2. *Público,* 28 de enero de 2008.
3. *El Mundo,* 31 de octubre de 2006.
4. *El Economista,* 13 de diciembre de 2007.

> Nadie diría que es una agencia bursátil porque parece una casa de apuestas. O mejor: un casino.[5]

Este afán por dilapidar los ahorros en activos que están por las nubes no se ciñe a la bolsa, sino a cualquier tipo de inversión. La última burbuja en España ha sido la inmobiliaria. Miles de personas han empleado sus ahorros en comprar pisos con el único objeto de una posterior reventa, pues eso suponía una rentabilidad de doble dígito. Hemos visto a muchos abandonar sus profesiones y oficios para salir en pos del nuevo El Dorado de la construcción. Pequeños empresarios, comerciantes, profesionales liberales, agentes comerciales o simples contratistas sentían que perdían el tiempo con sus negocios de toda la vida, pues era mucho más rentable y menos trabajoso comprar y vender pisos. Hasta el más pintado se metió a promotor.

Muchos de ellos tenían patrimonio, eran solventes o estaban al mando de un negocio próspero, pero se endeudaron más allá de sus límites para adquirir unas viviendas que tenían que seguir subiendo de precio. Ahora que la burbuja ha estallado, estas personas se han visto, de la noche a la mañana, atrapadas por unos créditos que habrán de pagar vendiendo su propio patrimonio, eso confiando en que les alcance. Algunos se han arruinado ya; otros lo harán en breve; sólo unos pocos lograrán evitarlo.

No hablamos de un pequeño colectivo. En el año 2000 operaban en España 64 780 inmobiliarias. Desde entonces y hasta ahora este número no ha hecho sino aumentar año tras año, sin descanso, hasta alcanzar la cifra de 172 851 inmobiliarias.[6] Es

5. *El Economista,* 30 de marzo de 2007.
6. Instituto Nacional de Estadística.

decir, casi un 300% más de empresas abocadas a invertir o intermediar en casas cuando la población sólo ha aumentado un 10% en el mismo periodo de tiempo. De estas 172 851 inmobiliarias, sólo 140 tienen más de 100 trabajadores.[7] Dos tercios no tienen asalariados, pues pertenecen a particulares que invertían aquí y allá en una promoción y en otra. Cuando la operación salía bien, solicitaban más dinero al banco y apostaban por otra inversión inmobiliaria mayor, y así sucesivamente. A estos miles de empresas aportaron dinero familiares y amigos de quienes las ponían en marcha. También entre el colectivo de inmigrantes se formaban cooperativas espontáneas, donde entre varios avalaban a uno para que le concediesen un crédito con el que comprar un piso para luego revenderlo. Ahora muchos bancos andan detrás de los avalistas, pero sus salarios son muy bajos y precarios: apenas hay nada que embargar.

Están fuera de esta relación quienes adquirieron un piso para vivir en él. Éstos fueron víctimas de la especulación. El problema de la última burbuja es que se cebó en un bien básico, de primera necesidad. Con los tipos de interés bajos, a muchos les parecía absurdo alquilar. Resueltos a comprar a toda costa, las jóvenes parejas con sueldos de subsistencia pujaron con inversores y especuladores por las viviendas. La gente joven tuvo que hipotecarse hasta las cejas, al límite de sus posibilidades y por cuarenta o cincuenta años. Los resultados han sido demoledores para todos. Es algo trágico que no debe volver a suceder.

En los momentos en que escribo estas líneas, los mercados financiero y de capitales padecen una severa crisis; en otoño de 2008 llegaron al borde del colapso; el inmobiliario ha entrado en

7. *El Confidencial,* 21 de enero de 2008.

barrena; las bolsas se han derrumbado y los taxistas vuelven a sintonizar los programas vespertinos, cadenas de música o sencillamente llevan la radio apagada.

Dos objetivos

El primer objetivo de este libro es de prevención. Pretendo que una persona no relacionada con la economía ni los mercados financieros disponga de elementos para saber si va a invertir sus ahorros en una burbuja especulativa. A veces nos cruzamos con un borracho por la calle y con una simple ojeada adivinamos su estado de embriaguez. El modo en que camina, el hecho de que murmure a solas, tal vez el que gesticule como si hablase con alguien... Si le preguntamos si ha bebido, lo negará. A menudo, el alcohólico no es consciente de su condición. Del mismo modo, muchas personas que especulan con sus ahorros no son conscientes de ello, pero, al igual que el borracho, ofrecen unos síntomas fáciles de reconocer, pues la especulación es un verdadero síndrome que he bautizado como el síndrome del Necio.

Lo de Necio no es un insulto ni una descalificación. La definición de *necio* dejará sorprendido a más de uno. Según el diccionario, un necio es alguien «ignorante de algo que debía saber o podía haber sabido». La necedad no tiene que ver con la estupidez, sino con un exceso de presunción. El segundo motivo para bautizar como síndrome del Necio al mal que convierte a personas normales en especuladores es una frase de Antonio Machado que reza: «Sólo un necio confunde valor con precio». Cuando uno especula y no lo sabe es porque piensa que está pagando por algo un precio razonable. Sólo cuando todo se viene abajo se percata de que el precio que pagó era excesivo. Es entonces cuando uno se siente necio: confundió valor con precio y, además, como dice el diccionario, es algo que podía haber sabido. En resumen, la necedad es una amalgama de ignorancia, confusión y presunción.

El segundo objetivo de estas páginas tiene que ver con lo que ocurre cuando la euforia se transforma en recesión. La gente está hoy tan despistada como asustada. Unos recomiendan guardar el dinero. Los políticos nos urgen a gastar. Los bancos ofrecen el oro y el moro por nuestros ahorros el mismo día que el gobierno aumenta la garantía de los depósitos bancarios, lo que origina un desconcierto general. Hay quien ha retirado el dinero del banco y lo ha escondido en su casa. Otros se han dedicado a equilibrar saldos entre diferentes entidades financieras para, si alguna de ellas quiebra, estar respaldados por la garantía de los 20 000 euros que en su momento establecía la ley y que luego se elevó a 100 000 para serenar los ánimos. Las empresas despiden gente. La cifra de paro aumenta. Los bancos no conceden créditos. Parece que se acaba el mundo y lo más inaudito es que todo iba espectacularmente bien hace sólo un año.

La mayoría no alcanza a comprender por qué la histeria e irracionalidad de unos agentes bursátiles acaban por afectar a sus vidas. ¿Por qué un carnicero ve descender sus ventas por un exceso en el sector inmobiliario? ¿Por qué un desplome de la bolsa acarrea despidos generalizados? ¿Por qué las burbujas especulativas de unos cuantos (sean muchos o pocos) afectan después a la sociedad en su conjunto? En otras palabras: ¿cómo la irracionalidad financiera se contagia a la economía real? Lo responderé de un modo sencillo, evitando los tecnicismos.

Finalmente, el libro tratará sobre los años que se avecinan. ¿Cuál será el signo de este período de recesión? ¿Significará, como se apunta desde ciertas tribunas, un regreso a los valores esenciales? ¿Qué cabe esperar?

Organización del libro

El libro está dividido en dos partes. La primera es descriptiva y la segunda, explicativa.

La primera parte, titulada «Las mayores burbujas de la Historia», realiza un breve y didáctico repaso por las principales burbujas de la historia de la economía: la de los tulipanes de 1636, la de la Compañía de los Mares del Sur de 1720, el crac de la Bolsa de Nueva York de 1929, la crisis de Japón de 1990, y la más reciente: las conocidas hipotecas *subprime* o la burbuja inmobiliaria estadounidense.

¿Tiene sentido analizar burbujas tan lejanas en el tiempo? ¿Por qué documentar lo que pasó en Holanda o Inglaterra hace varios siglos para protegernos de futuros desfalcos? Además, ya se han publicado muchos libros sobre estas burbujas. ¿Cuál es la novedad?

La novedad radica en la manera en que voy a adentrarme en estas fabulosas y alocadas espirales. Por costumbre, las burbujas se han abordado de un modo descriptivo, en forma de crónica social o económica. Estas páginas lo harán de un modo distinto, directamente relacionado con el objetivo principal del libro: identificar los síntomas del síndrome del Necio y comprender los trucos que invitaron a tantas personas, a priori prudentes, a correr riesgos más allá de lo deseado.

En este sentido, las burbujas históricas son de una rabiosa actualidad. Resulta formidable comprobar que muchos instrumentos financieros hoy considerados novedosos y/o modernos se originaron mucho tiempo atrás como simples respuestas a una efervescente necesidad especulativa. El ser humano se caracteriza por reinventar una y otra vez la rueda: cambian las formas, la tecnología, el modo en que resolvemos los problemas, pero la esencia de las cosas apenas cambia. No tiene mucho sentido que la mitad de un libro de actualidad esté dedicada a hechos históricos a no ser que éstos sean profundamente reveladores y útiles para el futuro, como es el caso. En cada burbuja identificaré y explicaré de manera sencilla cuál fue el instrumento financiero subyacente que favoreció la especulación y que arrastró a tantas personas. Los mecanismos que dan lugar a las burbujas adoptan múltiples y variadas formas, así que en el futuro surgirán nuevas fórmulas financieras que soy incapaz de prever o imaginar. Pero el mecanismo subyacente no variará demasiado, y es ese mecanismo el que me ha interesado desvelar a través de la Historia. Ésa es la primera aproximación novedosa. La segunda tiene que ver con los síntomas del síndrome. Durante estas burbujas históricas analistas, banqueros, inversores, empresarios y ahorradores, todos ellos especialistas informados y preparados, se comportaron de un modo profundamente irracional. Sus creencias, actitudes, hábitos y actos constituyen la radiografía de quienes, de manera irremisible, se van a arruinar. Esto se trata en la segunda parte; enumeraré los síntomas (o rasgos) del síndrome del Necio, aportando las correspondientes actitudes que lo identifican y las acciones preventivas que lo erradican.

El capítulo 7 describe cómo se propaga el síndrome a otros países y sociedades, y por qué el crac financiero se convierte en recesión económica. A través de una divertida historia de parejas americanas que hacían recíprocamente de canguro de sus hijos en la ciudad de Washington, elaboraré un modelo que permitirá calibrar la gravedad de cualquier burbuja, pasada, actual o futura.

Y el capítulo 8 atiende a cinco grandes cuestiones: ¿adónde ha ido a parar el dinero de la especulación de estos últimos años? ¿Qué supondrá la crisis mientras no se solvente? ¿Cuándo acabará? ¿Dónde están las responsabilidades? Y, lo más importante: ¿hemos aprendido algo de todo esto?

I

LAS MAYORES BURBUJAS DE LA HISTORIA

Entre los diversos temas de investigación que despiertan mi interés, siempre ha habido un lugar reservado para las burbujas económicas. Era un asunto que, tarde o temprano, deseaba abordar.

La burbuja especulativa es un fenómeno que trasciende lo económico. Además de economía, aúna política, psicología y sociología. Sólo desde esta múltiple dimensión puede explicarse que se produzcan especulaciones tan desmesuradas. Las burbujas son, desde un punto de vista económico, por completo irracionales. Eso resulta incómodo, pues la irracionalidad no es especialmente bienvenida en los asuntos de la economía, que no logra negarle una cuota a la locura: la economía es en gran medida el resultado de la acción humana y los humanos, a priori seres racionales, actuamos demasiadas veces como si no lo fuéramos. La economía acepta que las decisiones de los agentes económicos no siempre responden a lo que cabría esperar desde un punto de vista racional, pero una cosa es saltarse ligeramente una cierta lógica y otra distinta es cometer estupideces y aberraciones de gran calibre. Yo creo que por eso, siendo la economía aburrida e incomprensible para mucha gente, en cambio, las burbujas resultan atractivas para tantos economistas y no economistas.

En la Historia ha habido numerosas burbujas. El título de esta parte indica que las que aquí se presentan han sido las más grandes. Aun así resulta complicado justificarlo, pues ¿cómo puede medirse el tamaño de una burbuja? Existen varios criterios posibles. Uno sería el volumen de dinero que las burbujas han llegado a mover. Es un criterio cuantitativo, mas incompleto. Podemos hallar burbujas de menor volumen, pero mayor diferencia entre el punto álgido y el más bajo. Este segundo criterio mediría el grado de especulación alcanzado, lo cual es tan importante como el tamaño. Un último criterio podría ser el grado de irracionalidad de la burbuja a partir del objeto de la transacción. Sin duda es más increíble que alguien ceda todos sus bienes a cambio de un bulbo de tulipán que a cambio de una villa en Florida, pero no por inaudito resulta más ilógico, pues como la especulación exagerada trasciende toda lógica inversora, el objeto de la transacción es, en realidad, una pura anécdota.

Como he explicado en el preliminar, quiero extraer de estas burbujas los trucos más típicos que contienen, de modo que el lector las detecte en el futuro y no caiga en su trampa. Las que he seleccionado son, desde tal punto de vista, burbujas muy representativas. La de los tulipanes fue una de las primeras documentadas y suscita estupor comprobar cómo hubo quienes entregaron sus pertenencias a cambio de bulbos de flores. La burbuja de los Mares del Sur constituyó uno de los primeros casos de «creatividad financiera» donde la titulización de deuda formó una espiral especulativa formidable. El crac del 29 fue la primera gran burbuja global. Su tamaño y los efectos que produjo sobre la economía mundial la hacen ineludible. La burbuja de Japón en los noventa guarda muchos paralelismos con nuestra crisis inmobiliaria y es impresionante cómo frenó la formidable progresión de un país en el panorama internacional. Finalmente, analizo la burbuja inmobiliaria estadounidense por cómo las hipotecas *subprime* fueron trasladadas desde los bancos americanos a los de medio mundo, colapsando el sistema financiero internacional.

Tal vez se echen de menos aquí dos burbujas más: la de las *puntocom* y la inmobiliaria española. No las he incluido en este compendio por dos motivos. La burbuja tecnológica fue una de las más irracionales desde un punto de vista económico, pues se llegaron a pagar cifras astronómicas por empresas que apenas facturaban y jamás registraron beneficio alguno. La burbuja *puntocom* resulta apropiada para comprender la dimensión irracional del inversor, pero no es tan rica en mecanismos como otras lo fueron. Digamos que se trata de un buen ejemplo de necedad, pero no estoy tan seguro de que de ella se extraigan tantas lecciones útiles para la prevención futura. Por ello, he preferido incluir su principal rasgo, el valor injustificable que las empresas tecnológicas alcanzaron, en la segunda parte.

Por otro lado, la burbuja inmobiliaria española es todavía objeto de discusión. Nadie pone ya en duda que nuestros sectores de la construcción e inmobiliario han frenado en seco, pero todavía está abierto el debate sobre cuánto bajarán los precios y la duración, breve o prolongada, de esta crisis. Durante este ensayo, mi opinión al respecto quedará clara, mas no lo haré de forma directa, sino que asignaré a la burbuja inmobiliaria española un nivel de riesgo en función de su similitud respecto a otras burbujas de la Historia. El lector podrá dilucidar por sí mismo hasta qué punto la burbuja de la construcción en España afectará a nuestra economía.

En todo caso, vayamos por partes y comprendamos primero las burbujas anteriores. Las cinco que a continuación describo contienen casi todos los mecanismos, trucos, trampas y actitudes que cualquier burbuja futura albergará. Desde tal convicción las he escogido y desde esa aproximación las he descrito.

Ahora relájese y disfrute de las chaladuras ajenas.

Uno. Tulipomanía
La fiebre de los tulipanes (1636-1637)

Coged las rosas mientras podáis,
veloz el tiempo vuela.
La misma flor que hoy admiráis
mañana estará muerta.
WALT WHITMAN

La edad de oro holandesa

Durante el siglo XVII, Holanda llegaría a ser lo que hoy denominamos una superpotencia. Mientras que la mayoría de los países europeos, aquejados de un excesivo intervencionismo, procuraban minimizar las importaciones con los estados vecinos, Holanda abrió sus fronteras, redujo los aranceles y se lanzó de un modo innovador al comercio internacional. Intercambió con Francia, España, Portugal y los Países Bálticos productos de toda índole, desde vinos hasta armas.

Adicionalmente, Holanda desarrolló un sistema financiero ágil, eficiente y, sobre todo, abierto al público. El Banco de Ámsterdam empezó su actividad en 1609: en él, los nobles, comerciantes, dirigentes e incluso extranjeros podían realizar depósitos en metálico. El dinero era abundante y la sensación de riqueza reinaba en los Países Bajos.

Haciendo gala de un europeísmo avanzado a su tiempo, Holanda permitió a cualquier extranjero instalarse en su país: escritores, científicos, artistas (o ilustres pensadores como Descartes y Spinoza) viajaron al pequeño Estado centroeuropeo en busca de un entorno donde trabajar y pensar con libertad. También dio asilo a los perseguidos por motivos religiosos: puritanos ingleses, sefarditas españoles y hugonotes franceses.

La llamada Edad de Oro holandesa fue sin duda una de las primeras demostraciones fehacientes de que la apertura al exterior y la liberalización de los mercados podían generar crecimiento económico.

Flores de ensueño

A este próspero entorno fue a parar el tulipán. El tulipán se introdujo en Europa hacia 1550 desde el Imperio otomano. Un botánico flamenco, Charles de l'Écluse (también conocido como Carolius Clusius), tras obtener un puesto en la Universidad de Leiden (Holanda), puso en marcha lo que denominó un *hortus academicus* (hoy denominado Hortus Botanicus de Leiden), destinado al cultivo de plantas tropicales, especias y flores de eventual aplicación medicinal. En un principio, al botánico Carolius Clusius le concedieron sólo una superficie de 40 x 35 metros, pero el habilidosillo hombre se las ingenió para cultivar en el restringido espacio más de 1000 variedades distintas de plantas. Entre éstas, había unos bulbos de tulipán[8] que el emperador Fernando I de Habsburgo, nieto de Fernando el Católico, le había enviado desde Turquía.

Con el tiempo, los tulipanes fueron paulatinamente saliendo del *hortus* hasta ser vendidos, como una flor más, en los mercados de Holanda. Los nobles y aristócratas, maravillados por sus vívidos colores, los adquirían para exhibirlos en sus lujosas casas. Dado que los tulipanes escaseaban, sus precios eran elevados. No todos podían permitirse un tulipán en casa, pero un aristócrata que no lo tuviese podía ser tachado de mal gusto o, como poco, de andar justo de dinero. Era todo un símbolo de estatus. Para que nos entendamos, el tulipán era la televisión de pantalla de plasma de nuestros tiempos.

Pero entonces sucedió algo extraño. Un virus llamado *Tulip breaking virus* o virus de mosaico atacó los bulbos de algunos tulipanes y produjo unos cambios formidables: aparecieron en los pétalos caprichosas líneas de colores y fogosas llamaradas de pigmento. Lo escaso se convirtió en excepcional. Los pocos tulipanes contagiados por el virus pasaron a ser un perfecto símbolo de diferenciación.

Una constante de las clases medias es su incansable afán por aparentar que son ricos. Los ricos, importunados por ello, reaccionan modificando sus costumbres para distanciarse de la clase media que los persigue. Eso mismo sucedió con los tulipanes.

---

8. La palabra *tulipán* es una modificación del vocablo turco otomano *tülbend,* que a su vez proviene del término persa *dulband.* Ambas palabras significan «turbante» y hacen referencia a la forma que adopta la flor cuando está cerrada.

En cuanto la burguesía los puso en sus jarrones, la aristocracia precisó otros tulipanes «de mayor cilindrada». La aparición del virus del mosaico no pudo resultar más oportuna, pues los tulipanes «enfermos» del virus eran mucho más escasos y espectaculares y, por ende, caros.

Parece ser que también algún acaudalado aristócrata del país vecino, Francia, demandó tulipanes. A raíz de unos pocos encargos del país galo, se extendió la opinión de que los franceses impondrían esta moda al resto de los europeos, como había sucedido con tantos otros usos y hábitos. Así pues, a pesar de que sólo se habían exportado algunas decenas de tulipanes a Francia, en Holanda se daba por hecho que Europa entera estaría solicitándolos en un breve plazo de tiempo, lo que atrajo a todo tipo de inversores y especuladores.

La insoportable fugacidad de una flor

Un tulipán florece en cuestión de una semana y marchita con rapidez. ¿Cómo pudo formarse una burbuja especulativa con un producto tan perecedero? Si un bien degenera con rapidez es difícil que su precio se dispare a niveles irracionales.

Breve lección de jardinería. Los tulipanes pueden obtenerse de dos formas distintas: a través de sus semillas o de bulbos. Para que una semilla se transforme en bulbo ha de pasar la friolera de entre siete y doce años, y eso es demasiado tiempo. Los bulbos, en cambio, son unos clones que se formar en el interior de sus capullos y que, cultivados en condiciones adecuadas de pH, arena, humedad y temperatura, crecen hasta convertirse en bulbos normales, de los cuales, cual semilla, brotará de nuevo la flor de tulipán, y así sucesivamente, en el mágico círculo de la vida.

Gracias al bulbo, ya no había que esperar tantos años como con una semilla, sino que también podía uno hacerse con los tulipanes más bellos, pues el virus mosaico que tan hermosas y escasas flores producía se contagiaba de un tulipán a otro sólo a través de los bulbos, y no de las semillas. Por tanto, para obtener los tulipanes más apreciados y caros había que hacerse con los bulbos pequeños de los capullos, plantarlos y esperar a que creciesen.

Incluso el menos avezado en materia económica se habrá percatado de que el problema de la caducidad que impedía la especulación está ya resuelto. No se iba a especular con flores de tulipán, sino ¡con sus bulbos!

Ingeniería financiera en la horticultura del siglo XVII

¿Cuándo se producían las transacciones? Había dos períodos: el de venta al público, al iniciarse la primavera; y el de los productores, durante el verano.

El primer mercado es, por así decirlo, el del producto terminado, el bulbo recién florecido, el televisor de plasma, hermosos tulipanes a la venta en los mercados de Ámsterdam, La Haya y Haarlem. Nobles, comerciantes, burgueses y aristócratas los compraban a precio de oro.

Al acabar la temporada de la flor, empezaba la de los bulbos. Junto a los tulipanes habían crecido los pequeños bulbos de los que hemos hablado. Entre junio y septiembre se arrancaban y se plantaban después. La especulación tuvo lugar con estos bulbos enterrados. Como estaban bajo tierra, no podían pasar de unas manos a otras, con lo que a los holandeses se les ocurrió vender un derecho sobre el futuro tulipán. Sí, he dicho *futuro*. El mecanismo que a continuación explicaré se denomina hoy en los mercados bursátiles «contratos de futuros». Los holandeses, precursores de muchas de las prácticas financieras modernas, idearon a través del tulipán los contratos de futuros que hoy forman parte de nuestros mercados de valores.

Así, más o menos, discurrió el asunto:

Un productor al que llamaremos Van Garden tiene un bulbo enterrado en su parcela. A él se dirige un holandés llamado Van Premier y le dice:

—Le ofrezco 10 florines por su bulbo de tulipán.

—De acuerdo, pero no puedo dárselo hasta que esté listo para florecer. Si lo desentierro ahora, se estropeará.

—Bien, pues hagamos lo siguiente. Le entrego 1 florín como paga y señal para que me lo guarde. Y cuando dentro de un año el bulbo haya crecido, le pago los 9 florines restantes. ¿Qué le parece?

—Hecho.

Firmaban entonces un contrato que un notario refrendaba, y quedaba cerrado el trato.

El precio de los tulipanes subía con rapidez, así que antes de que la esposa de Van Premier se indignara por el dispendio de su marido, éste contactaba con Van Secondo y le proponía:

—Los bulbos se pagan ya a 20 florines. Yo tengo uno. Si quieres, te lo vendo.

—De acuerdo. ¿Dónde está? ¿Puedo verlo? —pregunta Van Secondo.

—A decir verdad, está bajo tierra, pero mira este contrato notarial. Dentro de un año me lo entregan. Si quieres, págame 2 florines a cuenta y, cuando me lo den, te lo paso y me abonas los 18 florines que faltan.

—Trato hecho —dice Van Secondo. Y van al mismo notario a firmar el contrato futuro.

Al cabo de unos días, Van Secondo va a ver a Van Tercius y le dice:

—Los bulbos se pagan ya a 30 florines. Yo tengo uno. Si lo quieres, te lo vendo.

—De acuerdo —accede Van Tercius—, ¿puedo verlo?

—Esto... bueno, no lo tengo. Pero mira este contrato notarial. Dentro de un año me lo entregan, ¿ves?

—Veo.

—Si quieres —dice Van Secondo—, me pagas 3 florines de paga y señal, y dentro de doce meses, cuando te entregue el bulbo, me das los 27 florines restantes.

—De acuerdo, firmemos eso ante un notario.

Y así sucesivamente.

Cuando Van Premier llegó a su casa y le mostró el contrato a su mujer, ésta casi lo mata. No obstante, antes de que se desatase la disputa conyugal, él afirmó:

—Aguarda, cariño, ya sé que me he gastado 1 florín y que dentro de un año habré de pagar 9 florines más a Van Garden, pero ya los he recuperado. Mira este segundo contrato: Van Secondo me ha dado ya 2 florines y me abonará 18 más dentro de un año. Está firmado ante notario, ¿ves? El negocio ya está hecho. No hay nada que temer.

La señora Van Premier se tranquilizó, lo mismo que la esposa de Van Secondo y la de Van Tercius. Ahora bien, ¿dónde acababa esta pirámide?

Esto se resolvía durante la estación en que los tulipanes florecían. Cuando llegaba la fecha en que Van Garden podía desenterrar el bulbo, avisaba a Van Premier, quien abonaba los 9 florines que faltaban y tomaba el bulbo. De ahí, Van Premier iba hasta la casa de Van Secondo, quien le abonaba los 18 florines que faltaban y se quedaba el bulbo. Van Secondo se iba a ver a Van Tercius, quien le pagaba los 27 florines convenidos y se quedaba el bulbo. Van Tercius se encaminaba al mercado de flores de Haarlem y le entregaba el bulbo a un florista a cambio de 40 florines, pues los aristócratas pagaban ya por un bello tulipán la friolera de 50 florines.

Todos ganan, nadie arriesga y el noble que paga el tulipán a 50 florines financia los beneficios y pagos en cascada de Van Garden, Van Premier, Van Secondo, Van Tercius, el florista y cuantos «Van» se sumen a esta cadena.

Vemos que resultaba sencillo obtener suculentas rentabilidades con pequeños desembolsos. Lo único que había que hacer era dar una pequeña paga y señal y rápidamente revender el derecho para asegurarse de que otro cubría el compromiso adquirido al cabo de un año.[9] Esto hizo que se desatara la locura entre los holandeses por hacerse con un derecho futuro sobre un bulbo de tulipán.

Las marcas y el *branding* disparan los precios

En los últimos años se ha puesto de moda el concepto de *branding* y se ha constatado el poder de las marcas ante los consumidores. Esto tampoco es nuevo. Los primeros tulipanes se clasificaban por grupos, básicamente por su color: los *Rosen* (rojo o rosa

9. Éste era el esquema teórico, pero en la práctica resultaba incluso menos arriesgado, pues el 10% de pago a cuenta de nuestro ejemplo teórico se fijó en un porcentaje muy inferior al 10%: sólo un 2,5% del importe total con un tope de 3 florines por intercambio. Naturalmente, un esquema así todavía espoleó más las compras y disparó las rentabilidades, dado que si la paga y señal era una cantidad fija inamovible, el riesgo de la operación parecía limitado a 3 florines.

sobre fondo blanco); los *Violetten* (violeta o lila sobre fondo blanco); o los *Bizarden* (rojo, marrón o púrpura sobre fondo amarillo). Pero estos tulipanes eran una vulgaridad para un aristócrata. Los más pudientes preferían las especies contagiadas por el virus mencionado. Claro, llamarlos «tulipanes enfermos», «tulipanes contaminados» o «tulipanes víricos» hubiese sido poco glamuroso. En todo un alarde de anticipación al advenimiento de las marcas comerciales del siglo XX, los holandeses echaron mano de la épica y romanticismo que los nombres que sus grandes navegantes despertaban.

El prefijo *Admirael* («almirante») se aplicó a unas 50 variedades de tulipán, entre las cuales el más apreciado era el tulipán *Admirael van der Eijck.* Luego estaban los *Generael* («generales»), con unas 30 variedades. Después vino el prefijo *Alejandro el Grande* y más tarde el *Scipio;* cuando esto no bastaba para justificar un precio mayor, se recurrió a las denominaciones *Almirante de Almirantes* o bien *General de Generales.*

Los contratos de futuros sobre estas variedades, la mayoría de las cuales hoy día no existe, aumentaron como la espuma y por encima de las demás. Para hacernos una idea de cuánto se llegó a pagar por un bulbo de tulipán (o, más bien, por un derecho sobre ese bulbo), téngase en cuenta que 1 florín (también llamado guilder) equivalía entonces al poder adquisitivo de unos 10 euros actuales.

En octubre de 1636, un derecho sobre un bulbo de tulipán se intercambiaba a 20 florines (200 euros). Entre noviembre de ese mismo año y mayo del siguiente tendría lugar la mayor fiebre especulativa y su posterior pinchazo. A mediados de noviembre los derechos se dispararon a 50 florines (500 euros); ese mismo mes, en sólo quince días se doblaron los precios: 100 florines, ¡casi 170 000 de las antiguas pesetas por un tulipán!

Las compras y ventas de contratos tenían lugar en las tabernas de las ciudades, en los aledaños de los mercados. El barullo era fenomenal. La gente se agolpaba para entrar en los locales, de donde salía un eufórico holandés que acababa de cerrar una venta de 10 bulbos de tulipán en la que había ganado el equivalente a un año de trabajo.

Ahora Van Secondo ya no le dice a su esposa que ha ganado 10 florines, sino que le muestra un contrato por el cual se ha comprometido a un pago equivalente a todos sus ahorros al cabo de un año. Ese contrato va acompañado de otro, esta vez de venta, mediante el cual cobrará el doble de esa cantidad en la misma fecha.

Todos se sentían inteligentes y ricos.

Se desató la locura. La voz corría por las calles, todo el mundo quería comprar contratos de futuros de bulbos porque los precios subían por semanas, por días, incluso por horas.

Entre el 25 de noviembre y el 1 de diciembre los precios se estabilizaron momentáneamente, pero en sólo doce días pasaron de 100 a 150 florines. Las rentabilidades de las operaciones eran de tal magnitud que la gente veía absurdo perder el tiempo trabajando en su oficio. ¿Para qué seguir con la madera, con la fruta, con el ganado o produciendo vino si había algo mucho más rentable que se llamaba tulipán? Además, no daba trabajo. Lo único que había que hacer era comprar y vender papeles. Nada más. Se podía doblar el patrimonio sólo firmando un contrato de compra de varios bulbos y revendiéndolo al día siguiente a un precio superior.

Todos pensaban que iban a ganar un montón de dinero cuando en primavera venciesen los contratos.

Entre enero y febrero los precios siguieron aumentando, aunque con menos velocidad. El 3 de febrero de 1637 el nivel de precios alcanzó su máximo: casi 200 florines. Eso significaba un tulipán a 2000 euros (más de 330 000 pesetas).

Las transacciones más habituales no eran por un solo bulbo, sino por varios. Así que no resultaba extraño ver a alguien cerrar un trato por 20 bulbos y comprometerse a pagar el equivalente a 40 000 euros de hoy por 20 futuros tulipanes.[10] No todo el mundo tenía ese dinero, pero nadie quería renunciar al beneficio que suponía hacerse con los derechos de los bulbos de tulipán. Según Charles Mackay,[11] en 1635 se llegó a producir un acuerdo de varias decenas de bulbos por un precio de 100 000 florines, una cifra equivalente a 1 millón de euros actuales.

Hubo gente que, cegada por una reventa de importe superior, llegó a pactar el futuro pago de los bulbos con propiedades y posesiones. Los casos más llamativos son el de un pacto de 12 acres de tierra (5 hectáreas) a cambio de un bulbo de *Semper Augustus* y el de la adquisición de un *Viceroy* a cambio de la siguiente relación de existencias: 2 carros de trigo, 2 carros de centeno, 4 bueyes, 8 cerdos, 12 ovejas, 2 barricas de vino, 4 barriles de cerveza, 2 toneladas de mantequilla, 1000 libras de queso, 1 cama doble, 1 baúl lleno de ropa y 1 copa de plata.[12] ¡Todo ello a cambio de un futuro tulipán!

Entre las anécdotas más curiosas de aquella sinrazón se cuenta la de un marinero recién llegado a Holanda que se desplazó a

---

10. La mayoría de los datos sobre precios la obtuvieron Gaergoedt y Warmondt, dos autores que escribieron sobre la burbuja al poco de su pinchazo. El economista Peter Garber logró recoger datos de las ventas de 161 bulbos correspondientes a 39 variedades distintas entre 1633 y 1637, 53 de las cuales habían sido registradas también por Gaergoedt y Warmondt.

11. *Delirios multitudinarios: la manía del tulipán y otros mercados enloquecidos,* Milrazones, Barcelona, 2008.

12. Ibídem.

las dependencias del mercante para quien trabajaba. Cuando llegó, el patrón no estaba. El marinero se encontraba hambriento y halló encima de su mesa una apetitosa cebolla, que en realidad era un bulbo de tulipán (quien haya visto uno habrá comprobado su similitud). Cuando el propietario del bulbo llegó y vio a aquel marinero dándole mordiscos a un tulipán en potencia por el que se había comprometido a pagar 2000 euros de hoy, casi le da un síncope. Denunció al marinero, quien fue encarcelado para evitar su linchamiento.[13] Se supone que posteriormente fue descargado de toda responsabilidad, pues había actuado sin mala fe. Hay recogidos varios episodios similares por confusiones entre bulbos y otras hortalizas de características parecidas.

El hundimiento del tulipán

Entonces llegó el mes de febrero, época en que se ponían a la venta los bulbos a los que tocaba florecer ese año. La tan esperada venta anual de tulipanes arrancaba por fin.

Sin embargo, las ventas no fueron tan bien como se esperaba. No se sabe a ciencia cierta el motivo, aunque se barajan dos posibilidades. La primera es que los precios habían subido demasiado. Por mucho símbolo de estatus que fuese un tulipán, todo tenía un límite, y si a un aristócrata le pedían 2000 euros de hoy por un vistoso tulipán cuya única función era mostrárselo a sus amigos durante las visitas para hacer gala de su buen gusto y poderío económico, es lógico que algunos optasen por exhibirse de un modo

13. Ibídem.

alternativo: un concierto privado, una pintura o, simplemente, un nuevo traje. ¡Con 200 florines en la Holanda de 1637 podía uno permitirse muchos lujos! Otras fuentes apuntan a que las ventas de tulipanes fueron ese año muy inferiores debido a que la peste bubónica redujo la actividad comercial de los mercados de Haarlem.

En cualquiera de los dos casos, el problema era que la especulación de los bulbos había tenido lugar fuera del mercado final de tulipanes. Hemos comprobado que el aristócrata (consumidor final del tulipán) financiaba las ventas y los beneficios de todos los intermediarios. Todos asumían que el comprador final pagaría por un tulipán lo que ellos pagaban por un bulbo y nadie cuestionaba lo contrario. Éstos son los peligros de especular a espaldas del mercado real.

Ante unas ventas inferiores a lo previsto, los vendedores de tulipanes en flor apostados en los mercados se vieron obligados a bajar los precios. ¿Dónde estaban los compradores de toda Europa que habían de acudir en tromba al mercado de Haarlem a por tulipanes?, se preguntaban los floristas.

Claro, lo que antes funcionaba a las mil maravillas, ahora discurría más o menos así:

Van Garden llama a Van Premier para avisarle de que ha llegado la fecha de vencimiento del contrato. Ha de pagarle los 9 florines que faltan. Van Premier, que no es tonto y se ha enterado de que los tulipanes del mercado están cayendo de precio, antes de soltar los 9 florines se va a ver a Van Secondo para cerciorarse de que le va a pagar los 18 que convinieron. Van Secondo no los tiene, pues esperaba obtenerlos de Van Tercius. Van Tercius le dijo ayer que se olvidase de los 27 florines que acordaron, pues se ha enterado de que los tulipanes se pagan a 5 florines la unidad. ¡No va a darle 27 florines por un bulbo por el cual los floristas le pagarán sólo 5 *guilders*!

Van Secondo le dice a Van Premier que si Van Tercius no le paga, él tampoco. Y Van Premier se va a ver a Van Garden y le dice que si él no cobra, tampoco piensa pagarle los 9 florines que faltan por un bulbo que en el mercado está a 5 florines. Van Garden, el propietario, hecho una furia, se va con el contrato a ver al notario.

Cuando la temporada finalizó un gran número de tulipanes continuaban sin comprador.

¿Qué pasó con las personas que tenían contratos con vencimientos para los dos o tres años siguientes y todavía no los habían revendido? Estaban histéricas. ¿Cómo actuaría usted si se hubiese comprometido a pagar dentro de un año 40 000 euros por 20 bulbos cuyas flores se están vendiendo a un total de 10 000 euros? ¿Qué dirá la señora Van Secondo cuando su marido le confiese que en el plazo de un año habrá de pagar una cantidad superior al valor de su casa por 1 tulipán y que nadie quiere el derecho sobre ese bulbo? La señora Van Secondo le dirá: «Pues véndelo por menos, aunque sea con pérdidas, pero sácatelo de encima».

Eso es lo que sucedió. Quienes tenían bulbos en potencia buscaron a terceros a quienes transferir sus derechos futuros. De la noche a la mañana, lo contrario que hasta entonces, sobraron vendedores y escasearon compradores.

El «bulbo frío» se convirtió en una auténtica «patata caliente».

Cuanto más bajaran los precios, más dinero habría que poner del bolsillo cuando venciese el contrato: todo el mecanismo se derrumbó.

Pánico. La reacción se produjo en cadena y en el sentido opuesto. Como suele pasar en bastantes burbujas, durante el derrumbe de los precios fueron pocos quienes tuvieron tiempo de vender. Algunos lograron quitarse de encima los derechos sobre los bulbos, pero la gran mayoría no encontró comprador (¡ahora ya nadie quería bulbos de tulipán!).

He aquí la gráfica de los precios, según Peter Garber:

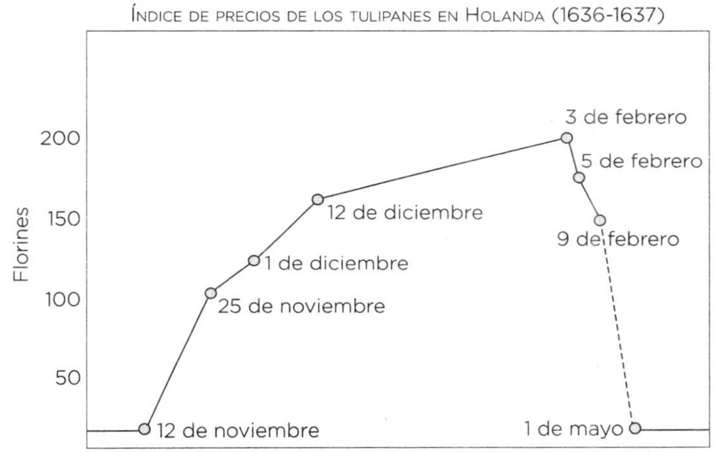

Fuente: elaboración propia a partir de datos de Peter Garber

Las discusiones fueron terribles. Hubo personas que firmaron contratos de futuros tanto en posición vendedora como en compradora, a importes y vencimientos diferentes. Los vecinos se reclamaban unos a otros el cumplimiento de contratos que ellos mismos se negaban a cumplir cuando les tocaba asumir el pago en sentido contrario. Mucha gente llegó a las manos. Las denuncias fueron múltiples. ¿Cómo se podía arreglar este lío?

Fin de la historia

Esto acabó como suelen terminar estos episodios: mal. Las autoridades se vieron obligadas a intervenir y declararon que los contratos de bulbos habían sido una pura venta de humo.[14] Se trataba de deshacer el entuerto de contratos de futuros que habían ido pasando de unas manos a otras, cada vez a precios mayores, y que ahora no valían nada. En muchos casos faltaban años para la entrega de los bulbos, así que lo mejor era declarar esas ventas como inexistentes.

Esta solución no dejó contento a nadie: ni a quienes esperaban cobrar más por los bulbos plantados ni a quienes se quedaron con las «patatas calientes», pues habían desembolsado pagas y señales que no habían tenido tiempo de recuperar.

El asunto se llevó entonces ante el gobierno holandés, quien ideó una solución salomónica. Estableció que no podía obligarse a comprar en un futuro a un «precio absurdo» algo por lo que una persona «sólo» había dejado una paga y señal. Por otro lado, no se podía dejar al propietario del bulbo «sin un duro», por lo que la solución fue que quien poseyera contratos en el momento de su vencimiento podía abstenerse de ejercer la compra, pero estaba obligado a abonar el 10% del importe pactado.

¡Bienvenidos a la creatividad financiera! ¡Eso son opciones de compra! El futuro es un contrato que te obliga a una compra o venta en fecha determinada. La opción es un contrato que te da la posibilidad de realizar o no una compra o venta en una fecha determinada. Lo que hizo el gobierno fue transformar de un plumazo y por «real decreto» los futuros en opciones.[15] ¡Un robo a mano armada! Tal cual.

---

14. Los denominaron contratos *windhandel,* que significa «comercio de viento» o «venta de aire».

15. Las opciones son hoy día un instrumento financiero muy habitual. Fueron el modo espontáneo de resolver un lío monumental por culpa de una burbuja de tulipanes.

Esta segunda solución tampoco satisfizo a nadie. Los propietarios de los bulbos recibieron el 10% de lo que pensaban que iban a cobrar y los tenedores de contratos tuvieron que pagar cifras aberrantes por los tulipanes. Y digo aberrantes porque si lo que te entregan es una flor que ya nadie quiere, el 10% de una cifra aberrante suele dar como resultado otra cifra todavía aberrante.

En cuanto a las repercusiones sobre la economía holandesa, no está claro el diagnóstico. Ha habido mucha controversia sobre cómo afectó este suceso a la floreciente (¡nunca mejor dicho!) Holanda. Algunos hablan de colapso de los mercados financieros, otros de recesión, se mencionan quiebras y bancarrotas. Pero historiadores como Anne Goldgar[16] argumentan que el fenómeno se limitó a un grupo reducido de comerciantes y artesanos, y no a miembros de la nobleza, como Charles Mackay sugirió en el año 1870.

Es bastante probable que los efectos sobre la economía holandesa no fueran ni devastadores ni demasiado importantes. Al fin y al cabo, la mayor parte de las entregas de tulipanes no llegaron a materializarse y, por tanto, estaríamos ante una sucesión de promesas de compras y ventas: una burbuja de contratos. Sólo las pagas y señales pasaron efectivamente de unas manos a otras y nadie asumió el pago del resto.

Tal vez todo quedó en un jaleo entre unos centenares de holandeses que perdieron la cabeza durante unos meses y el susto no fue a más. Pero se trató de la primera constatación de los límites a los que puede llevar el síndrome del Necio.

El final de la historia no es del todo funesto, pues pasaron los meses, los años, los siglos y, tal vez gracias a aquel furor, Holan-

---

16. Goldgar, Anne, *Tulipmania: Money, Honor, and Knowledge in the Dutch Golden Age*, University Of Chicago Press, Chicago, 2007.

da se convirtió en un país experto en tulipanes, que siguen siendo unas flores muy apreciadas. La venta de tulipanes en flor supone hoy en día un volumen mundial de 11 000 millones de euros y Holanda concentra el 87% de este mercado. Los holandeses dedican unas 12 000 hectáreas de tierras a su producción para producir unos 4000 millones de bulbos por año (tanto para venta en flor como para la venta de bulbo seco de cara a su posterior reproducción).

Eso sí, los venden a precios de tulipán.

Algunas lecciones de esta burbuja

- Los pagos diferidos favorecen el aumento de los precios, pues permiten comprar y revender bienes o activos con pequeños desembolsos.
- Es peligroso especular entre intermediarios a precios que nadie paga todavía en el mercado final.
- Las burbujas se ceban en objetos de deseo a los que se rodea de glamur.
- La insostenibilidad del precio no se cuestiona, sólo se asume que continuará su meteórico ascenso; puede ofrecerse una casa por un tulipán si se piensa que éste va a subir de precio
- A un mercado especulativo acuden profesionales de otras industrias, que abandonan sus profesiones habituales.

Dos. Castillos en el mar
La burbuja de los Mares del Sur (1711-1720)

Soy capaz de calcular los movimientos de los astros, pero no la locura de la gente.
ISAAC NEWTON (tras perder 20 000 libras en la Compañía de los Mares del Sur)

De la prosperidad al endeudamiento por la guerra

El siglo XVII fue un período de prosperidad en Inglaterra. Tanto la colonización de India como la del Nuevo Continente supusieron un aluvión de recursos. El comercio internacional se convirtió en una parte fundamental de la economía británica, haciendo del puerto de Londres el punto de partida y llegada de barcos mercantes que inundaban de riqueza el país. Las industrias del acero, carbón, cristal y hierro se expandieron con fuerza y los mercaderes, considerados hasta el momento oportunistas intermediarios fuera de toda actividad productiva, adquirieron poder progresivamente hasta ejercer una extraordinaria influencia política. Nació también una nueva burguesía pudiente que decoraba sus casas con bellos muebles de madera noble y llenaba sus roperos de fabulosas telas de seda importadas de Oriente. Esta nueva clase media no era excepcionalmente rica, pero gozaba de un nada despreciable nivel de vida. La pobreza disminuyó de forma notable: se calcula que a finales del siglo XVII la mitad de la población inglesa podía comer carne a diario. La prosperidad cabalgaba con el signo de los tiempos.

Esta frenética actividad necesitaba ser financiada: la expansión trajo consigo el nacimiento de los mercados financieros ingleses. Los comerciantes acumulaban excedentes de oro y plata. Los depositarios de estos metales preciosos —bancos privados, orfebres y otros agentes cambistas—, al ver crecer los depósitos de sus clientes, pudieron prestar el dinero que este oro excedentario representaba. Surgió un sistema bancario organizado (en 1694 se fundó el Banco de Inglaterra).

Pero el cambio de siglo empezó con mal pie. En mayo de 1702 se desató la guerra de Sucesión española. Inglaterra, junto con Austria, Holanda y Dinamarca, declaró la guerra a Francia y España. Todos confiaban en que fuese un conflicto breve, pero duró más tiempo del previsto y las arcas inglesas se resintieron. Para financiar los elevados gastos de la campaña bélica, el gobierno emitió deuda pública sin descanso.

En 1719 la deuda del gobierno inglés alcanzó los 50 millones de libras, pasando, en sólo 10 años, del 5% al 40% de su Producto Interior Bruto.[17] A lo largo de la historia de la economía se ha

---

17. Unos 270 años después, la Unión Europea establecería que la deuda pública de sus estados miembro no superase el 60% del PIB (los famosos Criterios de Maastricht). Podemos pues deducir que el gobierno inglés no se sentía cómodo con su nivel de endeudamiento.

demostrado que, así como «el hambre aguza el ingenio», «la falta de liquidez aguza la creatividad financiera». El gobierno inglés tenía dificultades para devolver el dinero y no quería endeudarse más. Había que inventar algo. Y aquí entró en escena la Compañía de los Mares del Sur.

La Compañía de los Mares del Sur

La Compañía de los Mares del Sur fue el instrumento de un expolio, una quita del gobierno inglés sobre sus propios súbditos. En principio, cuando uno contrae una deuda está obligado a devolverla. Se acercaba el vencimiento de un gran número de obligaciones emitidas por el gobierno que la clase media inglesa, atraída por un buen tipo de interés, había adquirido. El Tesoro inglés debía reintegrar el dinero a los ingleses, pero lo había malgastado en guerrear contra los españoles.

¿Qué podía hacer para no devolver ese dinero? Hay que quitarse el sombrero ante la imaginación de los ingleses para embaucar a los miles y miles de ahorradores que compraron deuda pública.

La jugada fue soberbia. Lo explicaré con un sencillo ejemplo. Imagine que después de unos años de honrado y duro trabajo usted logra apartar unos ahorrillos. Pongamos, 10 000 euros. Quiere invertirlos en algo que le dé cierta rentabilidad, pero sin asumir demasiados riesgos. Se entera entonces a través de la televisión de que el Estado español lanza una emisión de Letras del Tesoro. Es uno de esos bellos anuncios donde unos niños hacen volar sus cometas bajo la mirada feliz de sus padres, jóvenes y atractivos, a quienes nada puede salir mal, y, además, según la voz en *off* del anuncio, tienen su futuro asegurado porque invirtieron en el Tesoro Público. Después de pensarlo, compra esas letras. En su cuenta bancaria ya no está el dinero, pero posee en su lugar 10 000 euros en letras, que le serán reembolsados al cabo de doce meses con un interés interesante, valga la redundancia.

Pasa un año y llega el día en que han de devolverle sus 10 000 euros. Pero el Estado Español ha hecho mal los deberes y anda justo de liquidez.

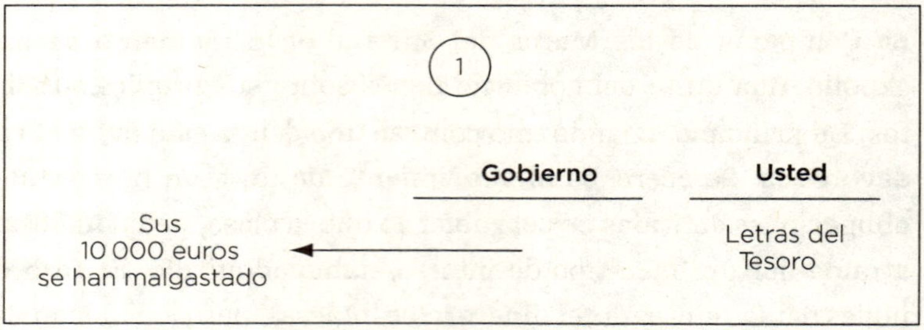

El gobierno le hace entonces (a usted y a todos los que compraron Letras del Tesoro) la siguiente oferta: en lugar de devolverle sus 10 000 euros le entregará acciones de una nueva empresa, filial de Renfe, que se llama Renfe Chinese High Speed. Claro, usted no es tonto y lo primero que pregunta es cuánto valen esas acciones, a ver si resulta que le están dando gato por liebre y no recupera nunca los 10 000 euros que invirtió en letras.

El gobierno le aclara sus dudas con una seguridad aplastante, pues sólo un necio puede resistirse a esta oferta: las acciones de la Renfe Chinese High Speed tendrán una renta perpetua del 6%. Sí, sí, perpetua. Es decir, hasta que un meteorito devaste el planeta Tierra, usted, sus hijos, sus nietos, los hijos de sus nietos y toda su descendencia cobrarán el 6% de sus

10 000 euros. Bueno, ahora ya está un poco más tranquilo. Pero su siguiente pregunta es, si además de la rentabilidad del 6% para toda la vida, las acciones de esta nueva empresa valen algo.

El gobierno le explica que son una oportunidad de inversión inmejorable, pues la Renfe Chinese High Speed ha obtenido los derechos de explotación de las líneas de alta velocidad entre San Petersburgo y Ulán Bator, capital de Mongolia. Estamos hablando, dice el folleto explicativo, del mejor lugar del mundo donde invertir en este momento. Evidentemente, los beneficios de la empresa van a ser impresionantes. Y si todavía alberga alguna duda sobre la recuperación de sus 10 000 euros, el gobierno le recuerda que será usted poseedor de una acción, que una acción es un activo y que, como tal, puede venderla en cualquier momento en el mercado de valores y recuperar así sus 10 000 euros.

Usted (y todo el mundo) acepta encantado el canje:

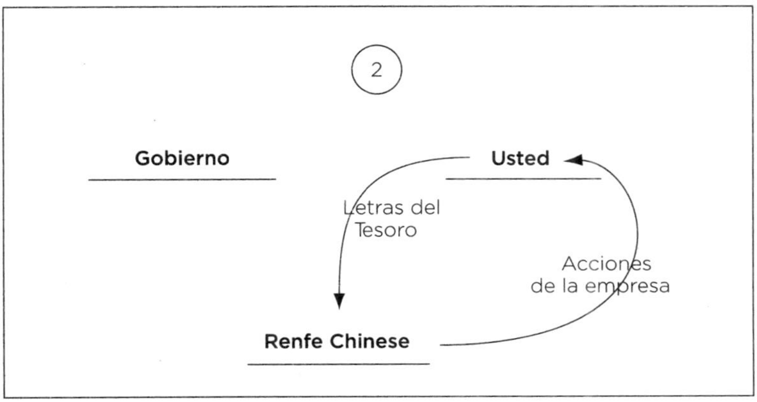

El gobierno cumple su parte del acuerdo a cambio de que la Renfe Chinese amortice las letras y le libere de su deuda:

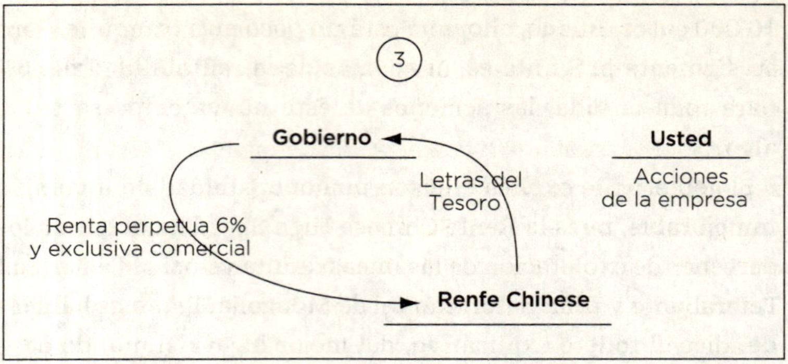

Como resultado, el gobierno ya no debe nada:

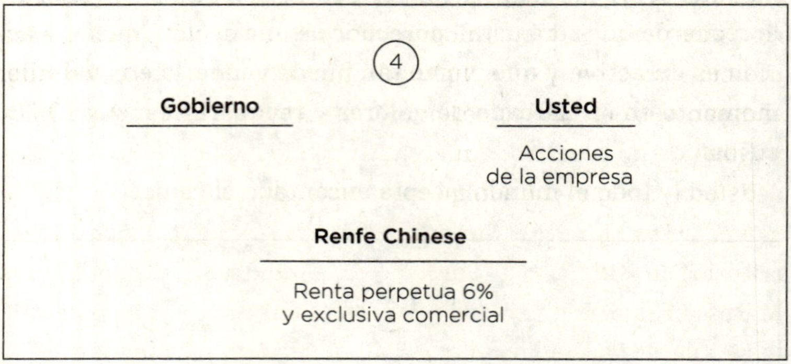

Compárese ahora el paso número 1 con el número 4:

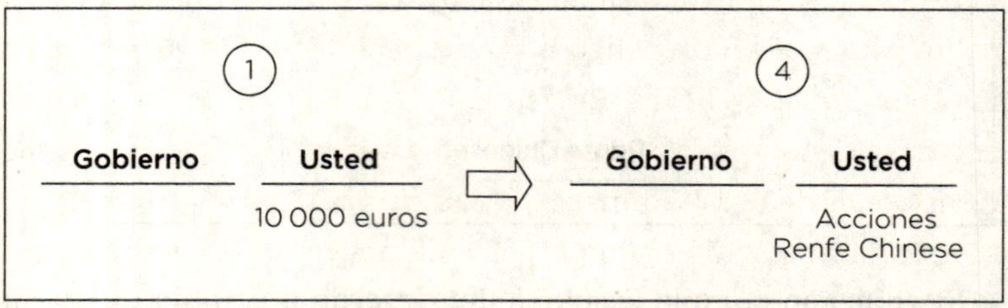

¡Recuerde que usted no quería acciones de ninguna empresa, sino invertir en Letras del Tesoro durante cierto tiempo! Pero se ha dejado convencer y ahora ya es tarde.

Esto es exactamente lo que el gobierno inglés hizo en 1711. La supuesta Renfe Chinese High Speed de nuestro ejemplo era la Compañía de los Mares del Sur (The South Sea Company). La fundó Robert Harley, quien (¡qué casualidad!) ostentaba el cargo de Tesorero del gobierno inglés. La empresa fue fundada para actividades comerciales, si bien, como enseguida se verá, su verdadera actividad fue la financiación (y amortización casi total) de la deuda nacional.

Igual que hoy en día todo el mundo considera a Asia el territorio de las grandes oportunidades, en los albores del siglo XVIII esa posición la ostentaba el Nuevo Continente. Como he explicado, el desarrollo económico del siglo anterior se había debido en buena medida a la actividad mercantil con las denominadas Indias del Oeste, así que todo lo que llevase su marca era sinónimo de riqueza. Los Mares del Sur era la denominación de los vastos territorios de Sudamérica. Por lo tanto, el nombre Compañía de los Mares del Sur lo reunía todo para deslumbrar a los insensatos que iban a perder sus ahorros en ella. La jugada fue la siguiente.

El gobierno convenció a los ingleses que habían comprado deuda pública (como usted Letras del Tesoro) para que canjeasen sus obligaciones por acciones de la empresa. Para ello, la Compañía de los Mares del Sur realizó una ampliación de capital cercana a los 10 millones de libras. Entregando las obligaciones se recibían acciones (igual que usted entregó las Letras del Tesoro a cambio de acciones de Renfe Chinese). Y, como en nuestro ejemplo, el gobierno garantizó un pago perpetuo de intereses a los tenedores de esas acciones, exactamente 576 534 libras anuales, lo que aseguraba cerca de un 6% de rentabilidad por acción.

Los derechos para explotar la línea de alta velocidad entre Ulán Bator y San Petersburgo correspondieron en el caso inglés que nos ocupa a la concesión de derechos (por parte del gobierno británico) a la Compañía de los Mares del Sur para comerciar en exclusiva con América del Sur. Es decir, cualquier importación o exportación de Sudamérica tendría que pasar forzosamente por la susodicha empresa. A los ojos de los ingleses esta concesión era una bicoca. ¡Había que ser un necio para renunciar al canje de obligaciones por acciones! Los ingleses se lanzaron en tromba a por las acciones.

Sin embargo, de haber dedicado algo de tiempo a averiguar la verdadera actividad comercial de la empresa y algo menos a contagiarse de la euforia general, habrían sabido que la empresa apenas comerciaba con América del Sur y que no tenía prácticamente beneficios. El Tratado de Utrecht de 1713 limitaba el número de viajes a un solo barco mercante al año con capacidad para 500 toneladas, el denominado Navío de Permiso. ¡Sólo un barco por año! Esta limitación debería haber bastado por sí sola para desanimar a los inversores. Hasta el año 1717 la Compañía no realizó su primer viaje a América del Sur. Apenas obtuvo beneficios de esta travesía. Además, las relaciones entre Inglaterra y España no mejoraban, lo que reducía drásticamente las posibilidades comerciales de la empresa (la mayoría de las colonias sudamericanas eran españolas). Toda esta información era obviada y la única firme creencia general era que las perspectivas de la Compañía a largo plazo eran innegables.

Resulta paradójico saber que el Tesoro inglés no disponía tampoco del medio millón de libras que debía satisfacer anualmente en concepto de intereses. ¿De dónde pensaba sacarlas? Fácil: pretendía obtener ese dinero de un impuesto aduanero que impondría a la Compañía de los Mares del Sur.

Fijémonos en la perversidad de la operación: un ciudadano británico invierte sus ahorros en obligaciones del gobierno inglés. Cuando el gobierno ha de devolverle su dinero, en su lugar le entrega acciones de una empresa que apenas factura nada, pero que, gracias a una concesión comercial en exclusiva, facturará una millonada. Esas futuras ventas serán gravadas con unos descomunales impuestos que servirán para abonar los intereses con los que se ha de remunerar las acciones entregadas.

Todo consistió en sustituir dinero por ganancias futuras, en cambiar deuda por un activo cuya valoración estaba sujeta a una actividad futura en la que todo el mundo creía, pero que nadie había visto aún.

Canjear obligaciones por acciones es una forma de titulización de deuda. Una deuda se convierte en un título para que pueda transferirse entre terceros. Esto mismo lo hemos visto en las portadas de los periódicos durante el año 2008: me refiero a la conocida titulización de las hipotecas *subprime* norteamericanas. Los gestores de los bancos de inversión de Estados Unidos, antes de conocerse la verdad, fueron alabados por su genialidad a la hora de reducir la exposición al riesgo de las entidades financieras mediante la titulización de deuda hipotecaria. Pero lo cierto es que una operación de la misma naturaleza se ideó trescientos años antes en Inglaterra. Ya se sabe que a menudo la vanidad del presente se nutre de los olvidos del pasado.

Doble o nada

En 1717 el gobierno inglés necesitaba desprenderse de 2 millones de libras más de deuda. Como la anterior operación había funcionado, se limitaron a repetirla. La Compañía de los Mares del Sur realizó una nueva emisión de acciones que fue otro éxito rotundo. La empresa estaba de moda. Todo el mundo quería sus acciones.

El gobierno empezó a convencerse de haber hallado la solución definitiva a su grave endeudamiento. Dejó pasar dos años más y en 1719 lanzó el órdago final. La avidez de los inversores por poseer acciones de la Compañía de los Mares del Sur era enorme. La siguiente emisión de acciones a cambio de amortizar deuda pública se hizo por nada más y nada menos que 30 millones de libras (¡el 60% de la deuda pública nacional!).

Los doce meses de 1720 vieron la mayor subida de las acciones y también su posterior derrumbe. En enero, la acción se vendía y compraba a 100 libras. A mediados de febrero a 200 libras. En abril a 300.

Hay que decir que todas estas operaciones no ocurrían, como hoy, en un mercado bursátil. La Bolsa de Londres no existía todavía (fue fundada en 1801). La compraventa de títulos tenía lugar en Exchange Alley, un callejón del centro de Londres por el que se atajaba para ir desde la Oficina Postal hasta el edificio del Royal Exchange. Las tiendas y almacenes de café del callejón eran verdaderos mercados cambiarios: Jonathan's Coffee, Garraway's Coffee o Edward Lloyd's Coffee. No eran mercados ilegales. Las primeras y más importantes emisiones de acciones de Inglaterra procedieron de compañías que importaban café y té, así que si uno quería invertir en ellas acudía a sus dependencias.[18]

Imaginemos a quienes acababan de vender sus acciones en las

---

18. La publicación de los precios de las acciones en la Jonathan's Coffee Shop ha sido considerada el primer modo de intercambio sistemático de títulos y acciones entre particulares, y auténtico germen de la Bolsa de Londres. Larry Neal (*How It All Began: The Monetary and Financial Architecture of Europe during the First Global Capital Markets: 1648-1815*) escribió: «Las líneas

esquinas de Exchange Alley, rodeados de amigos y curiosos, hinchados como pavos, explicando a diestro y siniestro que habían triplicado su dinero en dos meses. Todo el mundo quería sumarse a la orgía financiera. La demanda de acciones de la Compañía se disparó. Los almacenes de café de Exchange Alley recibían la visita de numerosos londinenses y personas venidas de otros condados de Inglaterra, hambrientas de dinero, atraídas por las noticias. El bullicio era fenomenal. Resultaba difícil poner orden. Los agentes cambiarios pujaban por las acciones en lo que se asemejaba a una subasta.

El mes de mayo la acción se compraba y vendía a 550 libras. ¿Podrán todavía subir más los precios?, se preguntaba la gente. Sobrepasar las 500 libras había sido una locura. Se había quintuplicado el precio en seis meses.

Para que nos hagamos una idea de cuánto representaba este beneficio, téngase en cuenta que el salario anual de un artesano era de 20 libras anuales. Una familia de clase media vivía con 100 libras al año y la frontera entre los ingresos de un burgués y un rico estaba en 500 libras anuales.[19] ¿Cómo no iba a agolparse la gente a comprar si había quienes ganaron 400 libras en medio año?

El fenómeno adquirió tales dimensiones que empezaron a surgir los oportunistas y aprovechados. ¡Donde cabe uno, caben

---

maestras de la estructura financiera angloamericana se fijaron en 1723 mediante un conjunto de bancos comerciales y mercantiles que gozaron de un acceso continuado a un activo y líquido mercado secundario de activos financieros, especialmente de deuda pública. La burbuja de los Mares del Sur constituyó el *big bang* del sistema capitalista inglés».

19. *Fuente:* Old Bayley Proceedings Online (http://www.oldbaileyonline.org /static/Coinage.jsp).

dos! Todo lo que llevaba el nombre de «Mares del Sur» atraía a los inversores ávidos de beneficios. Sobraban las personas dispuestas a invertir en compañías cuyas operaciones tuvieran que ver con Sudamérica. Para saciar esta sed salieron a la venta acciones de empresas increíbles. Charles Mackay[20] recogió varias de las ridículas actividades de empresas cuyas emisiones de capital fueron cubiertas por desaprensivos inversores: una iba a construir en América del Sur una rueda de movimiento perpetuo (consiguió la nada despreciable cifra de 1 millón de libras de capital); otra pretendía edificar hospitales para niños bastardos; una tercera se propuso armar barcos contra piratas; incluso hubo una que aseguraba haber obtenido unos ventajosos derechos para el comercio: en este caso había que entregar 2 libras a cuenta y el resto cuando se hiciera público en qué consistían esos «ventajosos derechos» que de momento no podían desvelarse. El emisor de las acciones recaudó en cinco horas 2000 libras. Pero desapareció al día siguiente. Embarcó hacia algún destino lejano y nunca más se supo de él ni de cuáles eran los «ventajosos derechos». Hubo otra empresa que prometía la transformación del mercurio en metales preciosos. Charles Mackay detalla hasta 86 empresas con planteamientos tan estrambóticos como increíbles. Puede ser real o apócrifo, pero algunas fuentes mencionan incluso la emisión de acciones de una empresa que iba a construir lujosas residencias flotantes en el océano. Conocida es la expresión «los locos construyen castillos en el aire». En este caso, personas racionales creyeron que los construirían en el mar.

Sin embargo, estas emisiones eran minucias en comparación

20. Charles Mackay, *op. cit.*

con la grande entre las grandes, la favorita, la niña de los ojos de todos los inversores ingleses: la Compañía de los Mares del Sur.

Más glamur y más facilidades

En junio, con la acción a 550 libras, sucedió algo muy típico de las burbujas, que se plasmó en dos hechos.

El primero es que, con la finalidad de que ningún inversor se quedase sin acciones de la compañía, se facilitaron créditos para su compra.

¿Quién otorgó estos créditos? Básicamente prestamistas, comerciantes de oro y banqueros privados. Mas también... ¡la propia Compañía de los Mares del Sur!

Suena a chifladura, pero así fue. Y la razón es fácil de entender. Las personas al cargo de la compañía eran también propietarias de un buen número de acciones, así que cuanto más subieran éstas, más aumentaba su patrimonio. La propia empresa otorgaba créditos para que la gente comprase las acciones que ella misma emitía. El dinero de caja se entregaba como préstamo y volvía a entrar en forma de capital. Es decir, que la empresa utilizaba su dinero para revalorizar el precio de su propia acción.

Los directores de la Compañía de los Mares del Sur no pagaban por las acciones que recibían en propiedad —lo mismo volvería a suceder en el crac del 29—. Las recibirían a crédito y las vendían al cabo de varias semanas con suculentas plusvalías. Por ejemplo, un directivo recibía una acción que valía 200 libras y la vendía poco tiempo después por 500 libras. La rentabilidad de esta operación es infinita, pues 300 libras de beneficio divididas por 0 libras de inversión arroja precisamente eso: infinito.

La función de estas entregas de acciones a directores y personas influyentes tenía además un efecto intencionado. Era importante rodear del máximo de glamur a la Compañía de los Mares del Sur. Se invitaba a invertir, a veces en condiciones preferentes, a destacados miembros de la sociedad británica, el propio canciller, Robert Walpole, y el científico Isaac Newton, entre otros. Cuando corría el rumor de que cierto acaudalado londinense había adquirido acciones, se producían nuevas oleadas de compradores.

A todo esto, por el momento la empresa se había limitado a comerciar con unos cuantos miles de esclavos. Recordemos que la esclavitud no estaba abolida en América. Era habitual el transporte de africanos al Nuevo Continente para ser vendidos como esclavos.

Toda orgía especulativa es de por sí desdeñable, pero si además está basada en los beneficios de una futura venta de esclavos, el hecho resulta ya vomitivo. Todo ha de decirse: la Compañía de los Mares del Sur era bastante profesional en la trata de esclavos, pues según David Eltis,[21] durante 96 viajes en 25 años, vendieron 30 000 esclavos, perdiendo «sólo» a 4000 durante la travesía por el Atlántico. Su ratio de mortalidad era del 11%, muy inferior al de los españoles, holandeses o franceses, todo un logro que probaba la eficiencia y *savoir faire* de los empleados de la compañía. Los ingleses han sido siempre buenos navegantes.

Dudas, sostén y derrumbe

Llegó el verano y la acción alcanzó el exorbitante precio de 890 libras. Pocos días después alcanzó su punto álgido: la friolera de

21. *The Volume and Structure of the Transatlantic Slave Trade: A Reassessment*. David Eltis. William and Mary Quarterly, Vol. 58 (2001), pp. 17-46.

1000 libras. Quien entró a 100 libras en enero y vendió entonces ganó en seis meses lo que un herrero hubiese tardado en ingresar durante 20 años de duro trabajo.

En aquel momento, según Archibald Hutcheson,[22] de acuerdo con el precio de la acción, la valoración de la empresa equivalía a tres veces todo el suelo de Inglaterra.

Con los precios a estos niveles empezó a correr el rumor de que tal vez convenía ya vender.

¿Qué fue lo que provocó el derrumbe? ¿Por qué la gente tomó conciencia de que los exiguos beneficios de la empresa no justificaban una acción a 1000 libras cuando en realidad a 300 tampoco tenía sentido? ¿Por qué explotó la burbuja en las 1000 libras y no en 500, por ejemplo? ¿Cuándo y qué hacen reventar las burbujas especulativas?

Abordaré esta cuestión en la segunda parte del libro, pero de momento nos conformaremos con la versión oficial, la quiebra de la equivalente francesa de la Compañía de los Mares del Sur: la Mississippi Company. Su esquema de funcionamiento era exacto al de la inglesa y constituye otra de las grandes burbujas especulativas de la Historia. Francia también estaba fuertemente endeudada y, bajo la concesión de un monopolio de 25 años para todo el comercio entre Francia y América, el gobierno francés propuso asimismo un canje de obligaciones por acciones. La Mississippi Company fue fundada por un escocés, John Law, y, progresivamente, de ampliación en ampliación, se acabó quedando con el 100% de la deuda nacional del gobierno francés. ¡El 100%!

22. Hutcheson, Archibald, 1659-1740. *Some Paragraphs of Mr. Hutcheson's Treatises on the South-Sea Subject*, T. Payne (ed.), Londres, 1723.

El precio de la acción pasó de intercambiarse por 500 libras francesas en 1717 a 15 000 libras francesas en 1720 (un aumento del 3000%). ¡La valoración máxima de la Compañía, en base al precio de la acción, equivalía a unas 20 veces el PIB de Francia! Las acciones de la Mississippi Company se derrumbaron en el verano de 1720, en pocos días, volviendo a sus 500 libras francesas iniciales. La noticia llegó a Inglaterra y contagió a los accionistas de la Compañía de los Mares del Sur. Si la compañía francesa no es viable, tampoco la nuestra. Si todo el mundo vende las acciones de la Mississippi Company, hay que vender las de la Compañía de los Mares del Sur.[23]

Fuera como fuese, el precio de la acción de la Compañía de los Mares del Sur bajó con cierta rapidez, por lo que los directores decidieron que había que actuar urgentemente. Se tomaron dos medidas. La primera, muy típica también de las burbujas y que se repetiría de nuevo en 1929, fue la de ordenar a los agentes cambiarios la compra de acciones para empujar de nuevo los precios hacia arriba. Había que evitar un desplome a toda costa. Para los directores de la empresa, dedicar parte de sus beneficios a continuar siendo ricos era no sólo oportuno, sino to-

23. Estamos, sin duda, ante uno de los primeros casos de movimiento bursátil paralelo entre diferentes países. Hoy en día, las bolsas europeas y asiáticas se mueven en función de lo que hace el Dow Jones en la NYSE (Bolsa de Nueva York). Mucha gente se pregunta por qué baja la Bolsa de París sólo porque la de Nueva York haya bajado, pues a menudo la evolución de la economía nacional o las noticias sobre las empresas de uno y otro país son distintas. Quizá la respuesta sea que, desde que el hundimiento de la Mississippi Company en Francia provocó el de la Compañía de los Mares del Sur en Londres, los agentes de bolsa encontraron por fin un motivo para justificar por qué las acciones suben y bajan sin motivo alguno.

davía rentable. La segunda medida la tomó el gobierno. Quiso evitar fraudes como los de la rueda de movimiento perpetuo o como el del bribonzuelo que afirmó tener un derecho preferente que no podía desvelar y se largó con las 2000 libras de los inversores. Para ello, entre junio y agosto, el Parlamento británico emitió la famosa Bubble Act («El Acta de la Burbuja»), que establecía que ninguna empresa podía realizar operación alguna en Sudamérica sin ostentar una autorización extendida por el gobierno. Las dos medidas devolvieron la confianza a Alley Exchange y llevaron la acción desde 750 a 805 libras en 15 días. Pero fueron esos 15 días todo lo que duró la recuperación.

La euforia más desmedida se convirtió en poquísimo tiempo en un pánico atroz. La desbandada fue brutal. Las burbujas acaban siempre igual, tal vez por eso despiertan tanto interés y resultan tan atractivas para el público general. Como se dice vulgarmente, todo lo que sube acaba por bajar. Pero pocos aducen que, además, a la misma o incluso mayor velocidad. Las compras apalancadas (comprar acciones con dinero prestado y, además, desembolsando sólo una parte del precio) actúan con la misma fuerza en sentido inverso. Hinchan la burbuja, pero también la pinchan. Quienes compraron acciones con dinero prestado temían que sus acciones valiesen menos que lo que pagaron por ellas. Si eso llegaba a suceder, no podrían devolver el préstamo. Este miedo provocó una reacción en cadena y las órdenes de venta se dispararon. El gráfico adjunto muestra la evolución del precio durante los 12 meses de 1720:[24]

24. Larry Neal y la Erasmus School of Economics.

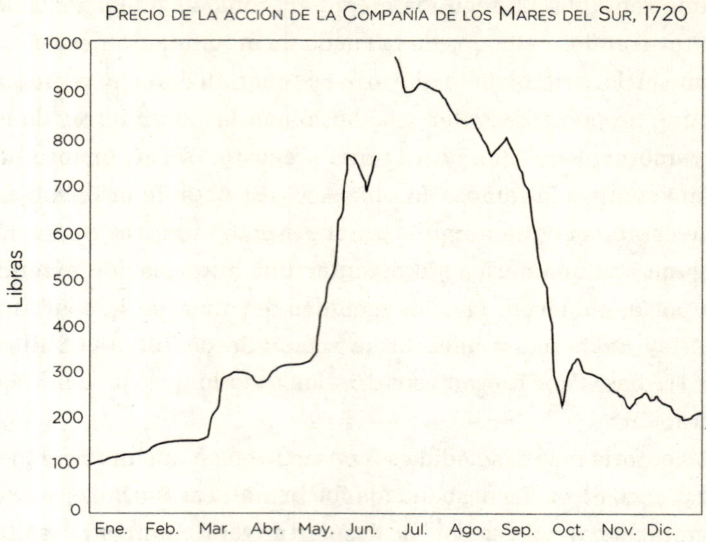

Fuente: elaboración propia a partir de datos de Larry Neal

Como puede comprobarse, la acción se desplomó en poco más de un mes. A finales de agosto estaba por encima de 800 libras y antes de que finalizase octubre se había derrumbado a 150. Algunos insensatos pensaron que eso era una oportunidad, pues ver a 150 algo que cuatro semanas antes estaba a 1000 parece un chollo para quien todavía no se ha enterado de que en realidad vale 100, a lo sumo.

Esos necios, los últimos de la cola, hicieron subir a 300 libras la acción con sus órdenes. En ese punto los compradores se terminaron. Se había acabado el *stock* de necios. La acción bajó y bajó hasta llegar a 100 libras en diciembre, el mismo precio con que inició el año.

Fin de la fiesta o, más bien, *the party is over*.

Las consecuencias

Las consecuencias del derrumbe fueron varias y a distintos niveles. La más inmediata fue positiva para el gobierno inglés. ¡En seis meses se desprendió del 80% de la deuda pública! Recordemos el ejemplo de las Letras del Tesoro español. Usted se convenció de que las acciones de la Renfe Chinese High Speed eran una buena cosa y canjeó las Letras del Tesoro por acciones de la empresa ferroviaria que había de construir líneas de alta velocidad en Ulán Bator. Al aceptar el canje renunció a la devolución de su dinero, pues ahora dispone de un activo, acciones.

—Sí —dirá usted después del crac—, pero ahora son ilíquidas, no las puedo realizar porque nadie las quiere.

—Lo siento —le responde el gobierno español—, eso no es asunto mío. Haberlas vendido antes, cuando cotizaban alto.

Adiós a sus 10 000 euros.

Moraleja: atención a la conversión de obligaciones en acciones, tanto de empresas privadas, como de bancos o gobiernos. No digo que sea un fraude, pues es un tipo de emisión muy habitual y que puede resultar muy ventajoso, pero hay que estudiarlo bien.

La jugada del gobierno inglés (lo mismo que la del francés) fue maestra:

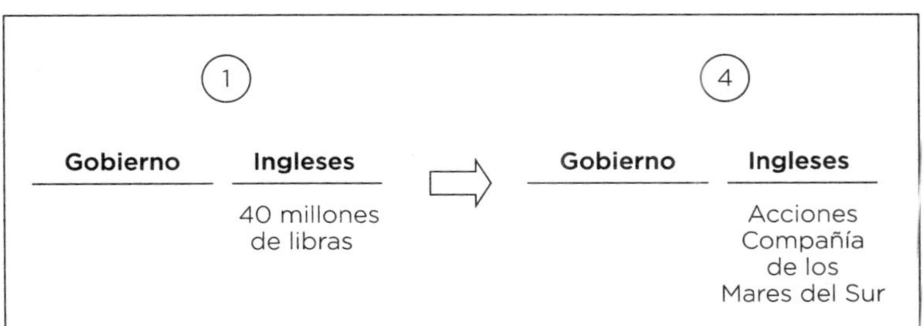

¿Puede imaginar un Estado occidental de la época actual liberándose del 80% de su deuda acumulada en medio año? Ocasionaría un derrumbe de la economía del país donde se produjese este supuesto hecho. Pero, sin embargo, y contra algunos mitos que han rodeado la burbuja de los Mares del Sur, Inglaterra no sufrió una crisis económica duradera debido a ello.

Los motivos son varios y se escapan del ámbito de este ensayo, pero para no dejar sin respuesta esta cuestión, enumeraré los dos principales: por un lado, la rápida reacción del gobierno para restaurar la confianza (parecido a lo que la Reserva Federal está intentando desde que estalló la crisis financiera en Estados Unidos durante el pasado 2008). En segunda instancia, la Revolución industrial de la segunda mitad del siglo XVIII: los fenomenales avances aumentaron la productividad a unas tasas nunca vistas, lo que se tradujo en un aumento de la riqueza per cápita. La publicación de las teorías de Adam Smith y el nacimiento de la economía como disciplina supusieron también el fin del mercantilismo como base de la riqueza de las naciones y el advenimiento de una nueva etapa donde la producción y la eficiencia reemplazarían el oro y la plata como motor de crecimiento económico.

De todos modos, el que Inglaterra no sufriese una crisis económica prolongada no significa que no hubiese recesión alguna. Durante algunos meses la actividad y la capacidad de gasto de muchas familias londinenses se vieron afectadas. Miles de aristócratas se arruinaron y un sinnúmero de inversores fueron a la bancarrota. El propio Isaac Newton, que en una primera operación ganó 7000 libras, acabó perdiendo 20 000. Newton se negó a hablar de la estupidez que había cometido. No quería saber nada de ello. Lo único que ha llegado hasta nosotros fue la célebre frase con la que arrancaba este capítulo: «Soy capaz de calcular los movimientos de los astros, pero no la locura de la gente».

También hubo un número muy elevado de prestamistas que perdieron todo cuanto tenían. Habían prestado dinero que la gente empleó en comprar acciones. Cuando éstas se desplomaron, muchos inversores vendieron con pérdidas. Como muchos préstamos se hicieron sin avales (todo iba tan bien que nadie pensó que los avales fuesen necesarios), esto supuso la bancarrota de un buen número de prestamistas.[25] La empresa siguió sus actividades, que se centraron en la gestión de la deuda nacional más que en el comercio con las colonias españolas. Finalmente, se disolvió en 1850.

Algunas lecciones de esta burbuja

- La predicción sobre el futuro y expectativas puestas sobre un activo son las que justifican su precio, sin embargo, en las burbujas especulativas esta expectativa no está suficientemente fundamentada.

---

25. También hubo consecuencias penales. Con los inversores indignados por lo sucedido, el Parlamento inició una investigación que concluyó con la aceptación de que se había producido un fraude por parte de los directores de la Compañía de los Mares del Sur, así como indicios de corrupción entre algunos miembros del Gabinete. Entre los implicados estuvieron John Aislabie (uno de los cancilleres), James Craggs, lord Stanhope y lord Sunderland (todos ellos altos cargos del ministerio). Algunos de ellos murieron de forma desgraciada; el resto fueron procesados; Aislabie fue encarcelado. Las propiedades de los directores de la compañía fueron confiscadas y utilizadas para reembolsar parte de las pérdidas a los inversores. Resulta bastante hipócrita la indignación del Parlamento inglés al descubrir que se había cometido un fraude con sus ciudadanos, pues, como se ha dicho, el gobierno se había desembarazado del 80% de la deuda nacional, saneando las cuentas públicas. Las personas procesadas, denunciadas y embargadas fueron tanto culpables como cabezas de turco.

- Si personas con renombre o sabias invierten en una burbuja se da por hecho que la inversión tiene sentido, obviando que la sabiduría o la notoriedad no están reñidas con la incertidumbre respecto al futuro. Conclusión: cualquier sabio puede ser víctima del síndrome del Necio.
- Cualquier excusa sirve para que una burbuja pinche. La causa real de su pinchazo es la insostenibilidad del planteamiento.
- Durante las burbujas es habitual que quienes se benefician de ellas financien las compras de otros participantes.
- Se pagan precios irrazonables por la creencia de que los precios aumentarán de forma indefinida.

Tres. La bolsa o la vida
El crac de 1929

Corrían rumores de que en los
hoteles céntricos preguntaban a sus huéspedes
si querían habitación para dormir o para tirarse por
la ventana.

JOHN KENNETH GALBRAITH

Los felices veinte

Desde 1920 hasta 1929 Estados Unidos disfrutó de un período de expansión continuado. La economía creció a un ritmo espectacular gracias a una profunda transformación técnica. Son los años del *taylorismo*, del *fordismo*, de las líneas de montaje en cadena que redujeron extraordinariamente los costes de fabricación de todo tipo de productos modernos. Se popularizaron los primeros electrodomésticos: aspiradoras, secadores de cabello, neveras. El teléfono y el automóvil irrumpen en la vida cotidiana. Los productos eléctricos y, por supuesto, los coches eran demasiado caros para la mayoría de la gente: para que las clases medias pudieran adquirirlos, nacieron las primeras ventas a plazo. Los consumidores se endeudaron para consumir sin descanso.

Fue también la época de la radiodifusión, de la construcción de los imponentes rascacielos de Nueva York, de la siderurgia, del cristal... El paro descendió a tasas bajísimas. Había bienestar y optimismo, y el jazz alegraba las salas de baile y conciertos. Son los felices veinte.

En 1927, la Reserva Federal inició una política monetaria fuertemente expansiva, liberando una cantidad descomunal de fondos que fue a parar a bancos y particulares. Esa masa de dinero es la que en último lugar se utilizaría para financiar la compra de acciones ordinarias en Wall Street.

Puede argumentarse que hasta 1928 las acciones de las empresas norteamericanas aumentaban de acuerdo con sus beneficios operativos. Los negocios iban bien y eso se reflejaba en las cotizaciones. Pero a partir de 1928 la bolsa empezó a subir a base de bruscos tirones hasta alcanzar niveles que ya nada tenían que ver con la rentabilidad de las empresas. Es cierto que a veces se producían correcciones en sentido contrario, pero duraban poco y la tendencia se invertía con cierta rapidez para superar ampliamente los niveles anteriores. Poco a poco, las subidas iban justificándose sólo por una expectativa de subida posterior.

Los mecanismos diabólicos

Del mismo modo que en Holanda los contratos de futuros permitían compras de bulbos de tulipán sin desembolsarlos en su totalidad, en el crac de 1929 también existieron dos mecanismos que eximieron a los inversores de la incómoda obligación de adelantar dinero para lograr grandes beneficios: la compra de títulos a plazo con fianza y los *trusts*.

Vamos con el primero: la compra de títulos a plazo con fianza. Este rimbombante nombre responde en realidad a una operación tan sencilla como lucrativa, que consiste en lo siguiente: imagine que usted quiere invertir 5000 dólares en acciones de General Electric, así que viene a verme a mí, que soy un próspero agente de la Bolsa de Nueva York de los años veinte.

—Sí, está usted bien informado. General Electric va a subir mucho los próximos meses. Veo que usted entiende de inversiones. ¿Cuánto quiere invertir?

—Pues no sé —responde—, tengo ahorrados unos 5000 dólares. ¿Es suficiente?

—Sí, claro, pero con la información tan privilegiada de la que dispone, no me dirá que sólo va a comprar 5000 dólares de General Electric. ¡Invierta 50 000 dólares!

—Es que no tengo tanto dinero...

—¿Tener? ¿Quién habló de tener? ¿En qué época vive usted? ¿No se ha enterado de que estamos en 1929? El mundo ha cambiado, buen hombre. Ahora es posible comprar acciones sin realizar desembolso alguno.

—¿Cómo?

—Bien, esto no se lo ofrezco a cualquiera, pero salta a la vista que usted es alguien de fiar: le doy la oportunidad de hacer una compra a plazo. Adquirirá 50 000 dólares de acciones de General Electric dejándome sólo 5000 dólares de fianza.

—¿Y cuándo habré de pagar el resto? Ya le he dicho que no tengo nada más...

—Fijaremos el plazo de pago para dentro de tres meses, de modo que tengamos tiempo de venderlas antes. En el plazo de un mes,

General Electric habrá subido mucho. Los 50 000 dólares de acciones valdrán unos 70 000. Al vender antes de la fecha de pago, no tendrá que desembolsar nada y se hará con todo el beneficio. Calculo que se embolsará usted unos 20 000 dólares.

—¿Y recuperaré la fianza de 5000 dólares?

—Por supuesto.

—*It's great!* O sea, que pongo 5000 dólares y, no sólo los recuperaré, ¡sino que además ganaré otros 20 000!

—Veo que es usted verdaderamente inteligente.

—Pero... ¿y si la acción no sube, como usted asegura? Entonces... tendré que abonar los 50 000 dólares, ¿no?

—¿Bajar? Las acciones nunca bajan. La bolsa sólo sube, caballero.

Éste era el mecanismo.

Efectivamente, al cabo de un mes, como la bolsa está en una espiral ascendente de locura, usted gana 20 000 dólares sin desembolsar nada más que una fianza de 5000 dólares, la cual también recupera tras desprenderse de las acciones.

La posibilidad de grandes ganancias con pocas aportaciones desató la locura entre la gente. Era posible duplicar, triplicar, cuadruplicar y hasta multiplicar por diez el dinero.

Como la avaricia humana es insaciable, en cuanto uno veía que la operación había salido bien, una vez superada la alegría inicial, su mente se ponía a discurrir: «Si con 5000 dólares de fianza he sacado 20 000, ¿por qué no hago lo mismo con 100 000 dólares de fianza? ¡Ganaría 400 000 dólares y podría dejar de trabajar para siempre!».

El problema era de dónde sacarlos, pues gracias a la primera operación tiene usted ahora 20 000 dólares, pero no 100 000.

Viene entonces a verme y me plantea su inteligente plan. Tras escucharle con atención, yo le digo:

—Bien, no quise ofrecérselo la vez anterior porque era todavía pronto. Pero, obviamente, Wall Street ofrece una posibilidad para lo que me plantea. Le conseguiré un préstamo de 80 000 dólares. Si los añadimos a los 20 000 que ganó, ya tendrá los 100 000 de fianza, el 10% que le permitirá comprar a plazo 1 millón de dólares en acciones.

Esto fue justo lo que sucedió entre 1920 y 1929. Los propios agentes de cambio prestaban el dinero de las fianzas a sus propios clientes. Y lo hacían porque ellos ganaban una comisión con cada préstamo. Obviamente, los agentes no eran tan estúpidos como para prestar el dinero de su propio bolsillo, sino que actuaban como intermediarios de otras entidades financieras.

El negocio era redondo (los negocios más redondos son aquellos en los que nos quedamos todos los beneficios tras invertir un dinero que no es nuestro). Los suculentos beneficios de comprar acciones sin desembolsarlas y recibiendo además un préstamo para cubrir la fianza provocaron que se desatase una espiral especulativa sin precedentes en la Bolsa de Nueva York. No estamos hablando de unas pocas operaciones: el volumen de préstamos suministrados por los agentes de cambio para operaciones de esta naturaleza se multiplicó por seis en ocho años, pasando entre 1920 y 1928 de 1000 a 6000 millones de dólares.

Tras pedir el préstamo para adquirir acciones, la gente vendía siempre con beneficios, pues, en efecto, «la bolsa sólo sube, caballero». Por tanto, todo el mundo devolvía religiosamente el préstamo y los intereses. Fue tal la demanda de créditos, que los bancos decidieron subir el interés que cobraban. Pasaron del 7-8% al 12%. ¿Desanimó esto a los especuladores? ¿Se dejaron de pedir préstamos para la fianza de las compras a plazo? ¡En absoluto! La solicitud de dinero prestado para invertir en bolsa continuó. No se registraba impago alguno, lo que animó a los bancos de medio mundo y éstos, atraídos por la posibilidad de prestar dinero al 12% con una tasa de morosidad nula, desembocaron en Wall Street para participar de tal bacanal financiera: desde 1921 hasta 1929 en Estados Unidos se concedieron créditos por un valor superior a los 8500 millones de dólares, ¡una cantidad mayor al dinero en circulación que el país tenía en aquel momento!

Y no sólo los bancos prestaron dinero. Al igual que en Holanda muchos artesanos decidieron abandonar sus profesiones para dedicarse a la compraventa del tulipán, las empresas normales y corrientes que ganaban dinero con sus actividades productivas ordinarias decidieron que, en lugar de invertir sus beneficios en comprar más maquinaria, expandirse por otros países o diversificar sus negocios, lo prestarían a la gente para que invirtiese en bolsa. De este modo, la financiación de la especulación llegó de todos los rincones del planeta donde hubiese dinero disponible.

Banca internacional y empresas no fueron las únicas fuentes de crédito para adquirir acciones, también lo fue la propia Reserva Federal. El Banco Central de Estados Unidos cedía dólares al 5%. Los bancos los prestaban al 12%. La gente obtenía rentabilidades del 25%. ¿No es esto una burbuja?

Pero este mecanismo no fue nada comparado con las extraordinarias rentabilidades logradas gracias a los denominados *trusts*. Los americanos entendieron muy deprisa el concepto de apalancamiento y los beneficios que éste podía reportar.

Con las empresas que tradicionalmente cotizaban en bolsa no había suficiente para abastecer de papel a los hambrientos y ávidos inversores. Como no se podían crear empresas productivas de la noche a la mañana, se utilizaron los *trusts*. Los *trusts* no fabricaban aspiradoras ni comerciaban con Europa ni abrían centros comerciales. ¡No tenían actividad productiva! ¿Cuál era su objeto social? La respuesta es escalofriante: ¡invertir en bolsa![26]

Reparemos en este incesto financiero: ¡como faltan empresas donde invertir se crean otras nuevas cuya actividad es la inversión bursátil! A su vez, estas nuevas empresas cotizarán en bolsa. ¡La multiplicación financiera de los panes y los peces!

La obtención de mágicas y asombrosas rentabilidades se logró mediante el siguiente esquema:

Imaginemos que estamos en una reunión de banqueros en un rascacielos recién inaugurado, a pocas calles de Wall Street.

—Bien, señores —dice el presidente—. Vamos a crear un trust llamado Big Palanca Corporation & Trust. Emitiremos capital por valor de 1 millón de dólares. La mitad serán acciones «con techo».[27]

---

26. Los *trusts* habían nacido un siglo y medio antes y no eran muy distintos a lo que hoy llamamos fondos de inversión. Se trataba de compañías de inversión en las que cualquier persona podía invertir cualquier cantidad de dinero, por pequeña que fuera. Fue un mecanismo creado por los escoceses e ingleses para que los pequeños inversores y ahorradores pudiesen invertir en grandes empresas. Era como una cooperativa de inversores. Los fondos de dinero de los *trusts* se invertían en un número muy elevado de empresas, con lo que se diversificaban muy bien los riesgos. Los primeros *trusts* de Estados Unidos respondían a este objetivo, perfectamente válido y no necesariamente especulativo: agencias de administración y tutela de las inversiones de un elevado número de particulares. Pero en los años previos al crac, el *trust* se convirtió en una sociedad anónima de inversión que vendía valores al público y emitía sus propias acciones en Wall Street.

27. Cuando un *trust* emitía nuevas acciones, lo hacía con acciones de dos tipos: las preferentes y las ordinarias. Para que se entienda bien, llamaré a

—¿Qué significa «con techo?» —pregunta un banquero.

—Que su cotización no variará. Su valor será siempre de 500 000 dólares y quien las compre recibirá un 6% de rentabilidad. Pagaremos 30 000 dólares cada año en concepto de intereses.

—Eso está muy bien —dice uno de los banqueros sentados en la gran mesa de la sala de reuniones—. ¿De dónde vamos a sacar los 30 000 dólares?

—Paciencia. Hablemos de la otra mitad del capital. Estas acciones no tendrán techo. Serán las que aglutinen toda la plusvalía del Big Palanca Corporation y como esta plusvalía será tan grande, de ahí sacaremos los 30 000 dólares de intereses.

—¿Y cómo obtendremos esa plusvalía? —pregunta uno de los banqueros, que tiene pinta de inteligente.

—Muy sencillo. Cuando el *trust* salga a bolsa, aumentará de valor. Supongamos que las acciones suben un 30%. Como el capital es de 1 millón de dólares...

—Ganaremos 300 000 dólares.

—Exacto, ya decía yo que usted no era tan tonto como parecía. A ver, sigamos con usted: ¿cómo repartiremos ese beneficio?

—Pues hay que pagar los intereses de las acciones con techo, ¿no?

—Sí, eso son ya 30 000 dólares. ¿Cuánto nos queda?

—270 000 dólares.

—Bingo. Los 270 000 dólares de plusvalía se aplicarán íntegramente a las acciones sin techo.

---

las preferentes «acciones con techo» y a las ordinarias «acciones sin techo». Junto con las preferentes se emitían también obligaciones, pero dado que su tratamiento era bastante similar al de las acciones preferentes omitiré su funcionamiento para simplificar la explicación.

—Las sin techo sumaban 500 000 dólares —dice otro banquero que estaba medio dormido y de pronto ha despertado.

—Exacto. Por lo tanto, 270 000 dólares sobre 500 000 representan... un 54% de rentabilidad.

—¡Es magia! ¡Repita eso! ¿Cómo lo ha hecho?

En efecto, el mecanismo de la palanca parece magia pura. El truco (todos los magos tienen un truco oculto) consiste en que lo que sube de valor es el 100% de las acciones, pero a la mitad del capital se le pone un techo a la revalorización, de modo que las acciones que no tienen techo concentren la mayor parte del beneficio.

Esto es lo que se denomina el mecanismo de la palanca y puede acentuarse todavía más si las acciones sin techo pertenecen, a su vez, a un segundo *trust* de inversión, que también tiene acciones con techo y acciones sin techo. Eso permite que un gran beneficio se repercuta sobre una pequeñísima aportación de capital inicial. Pues bien, esta feliz idea se aplicó en 1929, creándose *trusts* de *trusts* que a su vez eran *trusts* de nuevos *trusts*, y así progresivamente hasta desencadenar progresiones geométricas tales como la de American Founders Group, donde tras una primera emisión de 500 dólares de acciones ordinarias (las sin techo, las buenas), se creó un *trust* detrás de otro hasta lograr un activo valorado en 1000 millones de dólares, lo que no está nada mal para un único desembolso de 500 dólares.[28]

El negocio era tan descomunal que todas las entidades financieras se lanzaron a constituir *trusts*: los bancos de inversión, los bancos comerciales, los agentes de bolsa, las agencias de cambio...

---

28. Galbraith, John K., *El crac del 29,* Ariel, Barcelona, 2005.

Pensemos que en 1927 los *trusts* vendían al público 400 millones de dólares. En 1929 esta cifra aumentó hasta 3000 millones de dólares y representó el 33% de todas las emisiones de capital del año. La capitalización de los *trusts* se multiplicó por 11 en dos años.

¡Ah, lo olvidaba! No podían faltar los incentivos para los directores de esos *trusts*. Exactamente igual que en la Compañía de los Mares del Sur, los promotores de los *trusts* recibían una comisión por las emisiones de capital y por los beneficios. Claro, como esto era «poco», también recibían acciones sin techo (las buenas, las que concentraban los beneficios) a un precio inferior de lo que salían a bolsa, con lo que el día de la emisión podían venderlas con beneficio desde el minuto cero. Por ejemplo, la Seaboard Utilities Shares Corporation emitió 1,6 millones de acciones a un precio promedio de 14 dólares la acción. El patrocinador del *trust*, un tal Chauncey D. Parker, las recibió a 10 dólares.[29] El primer día que salió a bolsa la empresa, vendió sus acciones con un beneficio del 40%. ¡Un 40% de beneficio en el primer día y sin adelantar un sólo centavo! ¿Por qué nadie lo denunciaba? Pues porque gracias a esta «pequeña concesión» otros ganaban más todavía.

Esto ha sido siempre así: un ladrón transige en que otro le robe 10 monedas de oro si gracias a ello él se embolsa 100. Atendiendo a lo acontecido en Estados Unidos estos últimos años, es la única explicación que se me ocurre para el silencio administrativo sobre los escandalosos *bonus* e incentivos que se han llevado los gestores de fondos de hipotecas *subprime*, hoy quebrados.

---

29. Ibídem.

La frenética escalada de la bolsa

Estos ingredientes atrajeron a todo tipo de inversores. Como reflejaba el testimonio de la introducción de este ensayo, donde el limpiabotas de Kennedy recomendaba por qué valores apostar, multitud de ciudadanos americanos se lanzaron como locos a participar de los suculentos réditos de la tarta de Wall Street, tarta que no hacía sino crecer.

Fijémonos en la extraordinaria similitud entre el párrafo de la introducción del libro sobre los chinos apostados en las casas de valores y este fragmento de Alexander D. Noyes:

> Las oficinas de los agentes de cambio estaban abarrotadas, desde las 10 de la mañana hasta las 3 de la tarde, de clientes sentados o de pie quienes, en lugar de cuidar de sus propios negocios, pasaban el tiempo mirando la pizarra de las cotizaciones.[30]

En todas las burbujas especulativas se produce una actitud similar, una especie de hipnotismo o embobamiento donde trabajar no tiene sentido, donde parece haberse descubierto la piedra filosofal de la riqueza ilimitada, y donde la opulencia y el crecimiento sin base real son aparentemente posibles.

De 1924 a 1929 el promedio del índice de la Bolsa de Nueva York (el conocido Dow Jones Industrial) aumentó un 500%. La mitad de este aumento ocurrió en sólo los últimos doce meses. La bolsa neoyorquina alcanzó su nivel máximo el 3 de septiembre de 1929.

---

30. Noyes, Alexander D., *The Market Place; Reminiscences of a Financial Editor*, Little, Brown and Company, Boston, 1938.

Índice Dow Jones 1921-1929

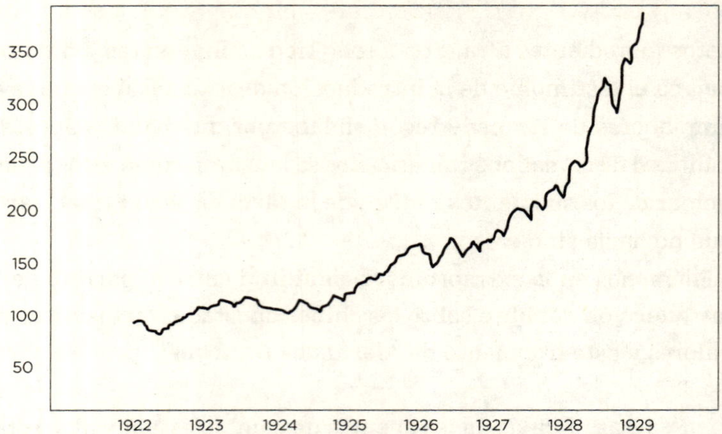

Fuente: elaboración propia a partir de datos de Wall Street

Los anteriores mecanismos antes descritos eran en realidad una bomba de relojería. No hace falta ser economista para darse cuenta de que esta espiral, una pirámide en toda regla, no podía sostenerse indefinidamente.

Y entonces vino el crac.

El desplome

Los peores días fueron los llamados jueves negro (24 de octubre de 1929), lunes negro (28 de octubre) y martes negro (29 de octubre). El jueves negro, 13 millones de títulos se pusieron a la venta a precios cada vez más bajos, sin encontrar compradores. A la 1 de la tarde, varios banqueros de Wall Street se reunieron y decidieron intervenir comprando acciones de

U. S. Steel y Blue Chip muy por encima del precio que se estaba negociando. John K. Galbraith llamó a esta reacción el «sostén organizado».[31] Los banqueros lograron detener el derrumbe y por la tarde hubo una notable recuperación que redujo algo la caída. Aun así ésta fue de todo un 12% en un solo día.

El lunes 28 de octubre la situación se agravó de veras. Quizá lo más relevante no fue que la bolsa bajase otro 13%, sino que quedó patente que los bancos tiraban la toalla: no harían nada por salvar la situación. El lunes negro los banqueros volvieron a reunirse a las cuatro y media de la tarde. Se dieron cuenta de que si sostenían el nivel de la bolsa, se arruinarían, así que decidieron no hacerlo. Declararon algo así como que «no es la función de los banqueros mantener un nivel de precios determinado ni proteger los beneficios de nadie, sino organizar adecuadamente un mercado en el que oferta y demanda coincidan en torno a un cierto precio».[32] El mensaje estaba claro, el derrumbe resultaba inevitable. El día siguiente fue el más trágico de la historia de la Bolsa de Nueva York. El martes negro se negociaron 16,4 millones de acciones (¡este volumen diario no se alcanzaría hasta 1969, cuarenta años después!). El Dow Jones bajó otro 12% en picado. La bolsa perdió 14 millones de dólares en un solo día y 30 millones en una semana, 10 veces más que el presupuesto anual del gobierno federal y mucho más de lo que Estados Unidos gastó en la Primera Guerra Mundial.[33]

El derrumbe no se limitó a ese día. La bolsa estuvo cayendo a intervalos desde aquella semana hasta el 8 de julio de 1932, cuando alcanzó su nivel mínimo, el mismo nivel que tenía en el año 1800. Hasta 1954, la bolsa no recuperó los niveles de 1929.

---

31. Galbraith, John K., *El crac del 29, op. cit.*

32. Ibídem.

33. www.pbs.org - *New York: A Documentary Film.*

Índice Dow Jones 1921-1939

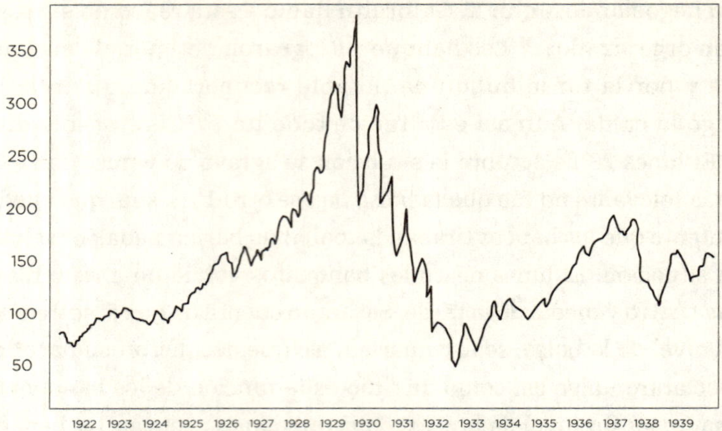

Fuente: elaboración propia a partir de datos de Wall Street

Las consecuencias

Las primeras y más inmediatas, las que afectaron a Wall Street. La bolsa perdió un 90% de su valor en tres años. Los *trusts*, el 100%: se vinieron abajo como un castillo de naipes quedando reducidos a la nada. El efecto de la palanca que tan buenos resultados produjo en sentido ascendente registró las mismas pérdidas geométricas en sentido inverso, con lo que un *trust* cayó detrás de otro en una sucesión rapidísima de quiebras y bancarrotas. Empresas valoradas en millones de dólares pasaron a valer cero en cuestión de días.

El segundo efecto de la onda expansiva de tal terremoto financiero se lo llevó la banca. Los bancos que habían prestado dinero para la especulación se encontraron con que los arruinados prestatarios no podían devolverlos. Las consecuencias sobre el sistema bancario fueron demoledoras. En 1929 quebraron 40 bancos. La gente retiraba sus depósitos ante el temor de perderlos y la quiebra de los bancos redujo la actividad crediticia que las empresas precisaban para seguir funcionando.

El tercero fue el de los suicidios. Si bien se ha exagerado sobre este extremo (la tasa de suicidios en Estados Unidos, medida sobre la población general, se mantuvo constante), sí que se registraron terribles episodios entre los prohombres de las finanzas que habían reinado en Wall Street hasta el crac del 29: J. J. Riordan, de la County Trust Company, se pegó un tiro. También se suicidó de un disparo, en París, Ivar Krueger, de la Krueger and Toll. El mítico «la bolsa o la vida» del Oeste norteamericano revivió de un modo distinto, esta vez en el Este americano.

Cuarta consecuencia: al contrario que en las burbujas anteriores, el crac financiero desembocó en una crisis económica sin precedentes. En la América del Norte de 1932, el número de parados que deambulaban en busca de empleo aumentó hasta los 12 millones de personas. Las consecuencias fueron desastrosas. El deterioro del nivel de vida fue considerable. Las importaciones estadounidenses descendieron un 65% en tres años. Las exportaciones, un 62%: la llamada Gran Depresión, la peor década de recesión económica experimentada por Estados Unidos (y buena parte del mundo). El comercio mundial y el PIB bajaron un 34% y un 32% respectivamente. Como punto de referencia, pensemos que en la actualidad los políticos muestran signos de preocupación cuando la economía se contrae un 1%. Con el crac de 1929 las burbujas dejaron de ser un asunto local para convertirse en un fenómeno global de consecuencias devastadoras.

Pero no todo se ciñó a la economía. El pasado mes de septiembre, en un debate de televisión sobre la crisis económica, el economista y catedrático Luis de Sebastián afirmaba que la peor consecuencia del crac del 29 y la Gran Depresión fue la Segunda Guerra Mundial. No son pocos quienes piensan que la crisis, que también afectó intensamente a Alemania, fue el caldo de cultivo para que las ideas fascistas de Adolf Hitler germinasen.

Algunas lecciones de esta burbuja

- Volvemos a comprobar que los pagos aplazados animan a invertir cantidades superiores a las que el ahorrador posee. Se adquiere tal compromiso futuro porque se cree firmemente que nunca va a tener que asumirse ese pago.
- Las compras apalancadas consisten en realizar parte de la inversión con dinero prestado, de modo que la aportación de nuestro bolsillo sea mínima. El mecanismo de la palanca fomenta la creación de burbujas.
- Durante las burbujas se considera «imposible» que el bien baje más allá de un cierto nivel: «La bolsa sólo sube, caballero».

Cuatro. El eclipse del Sol Naciente
Japón, años noventa

Con la primera copa el hombre bebe vino;
con la segunda el vino bebe vino,
y con la tercera, el vino bebe al hombre.
PROVERBIO JAPONÉS

Un inmenso superávit

Desde 1955 hasta los años ochenta, Japón experimentó un crecimiento continuado. Para hacernos a la idea de esta progresión, piénsese que si la renta per cápita de un japonés en 1950 apenas llegaba al 19% de la de un norteamericano, en 1989 esta relación era casi del 84%.[34] Japón presentaba dos rasgos antagónicos a nivel empresarial: un sector industrial intensivo en capital con un

34. Torrero, Antonio (Universidad de Alcalá), *Economiaz* n.º 48, 3er. cuatrimestre, 2001.

nivel de competitividad extraordinario en los mercados internacionales; y, por otro lado, unos sectores nacionales (agricultura, servicios, sector público) poco intensivos en capital, y con unos niveles de productividad realmente bajos. La expansión de los productos japoneses convirtió al Imperio del Sol Naciente en la primera potencia mundial. Durante su formidable crecimiento las escuelas de negocio de medio mundo analizaron y alabaron las prácticas empresariales niponas, cuyo modelo de gobierno consistía en un paternalismo capitalista, procesos de decisión por consenso, proteccionismo derivado de un profundo nacionalismo, gestión a largo plazo e identificación del trabajador con la empresa (las corporaciones garantizaban el empleo de por vida). Pero lo más significativo era la interdependencia entre los bancos y las grandes corporaciones. Las empresas tenían una estructura en cuya cúspide había una entidad financiera bajo la cual se articulaba un entramado de otras empresas con participaciones cruzadas. Los directivos pertenecían a las esferas política, empresarial y académica: una élite asimismo vinculada al gobierno.

En definitiva: las empresas más grandes estaban bajo el control de los bancos.

El éxito de los métodos japoneses de producción (Just in Time, Calidad Total, aplicado en Toyota como paradigma de la excelencia productiva) hizo a los productos japoneses fuertemente competitivos en el exterior. Las exportaciones niponas superaron las importaciones con creces durante un período continuado: un fuerte superávit fue a parar a las empresas y, por tanto, al sistema financiero nipón.

Casi todas las predicciones apuntaban a que Japón había superado definitivamente a Estados Unidos como primera potencia económica. Si algo caracteriza al crac de Japón es que en la década de los ochenta nadie lo supo prever.

¿Qué pasó?

El aumento del dinero

Las exportaciones aumentaron y la moneda japonesa, el yen, fue revalorizándose respecto al dólar. Como se sabe, una moneda nacional más fuerte encarece los productos para los extranjeros y puede afectar a las exportaciones. Como Japón dependía tanto de seguir exportando, el gobierno japonés decidió bajar los tipos de interés, esto es, abaratar el dinero. La idea era que la población japonesa accediese más fácilmente al crédito para así estimular el consumo interno, compensando lo que las exportaciones pudiesen bajar: «Lo que los extranjeros no nos compren, lo compraremos nosotros». A partir de aquí, se inició una expansión monetaria interior de dimensiones imprevistas.

Estos primeros créditos no fueron a parar a las productivas y eficientes empresas exportadoras (las multinacionales), pues éstas habían acumulado unos excedentes financieros que les permitieron reducir su endeudamiento y ganar en recursos propios.[35] En su lugar, los créditos se destinaron a pequeñas y medianas empresas tradicionales, las menos competitivas y también menos intensivas en capital. El resto de la expansión monetaria fue a alimentar una burbuja inmobiliaria y bursátil sin precedentes en Japón.

¿Hablamos de un gran volumen de préstamos? Sí, pues los superávits de la exportación de tres décadas suponían una masa de dinero brutal.

El dinero se dirigió al mercado inmobiliario. Sin embargo, frente a lo acontecido estos últimos años con la burbuja inmobiliaria

35. En la década de los setenta, del 100% de la financiación externa de las empresas, un 80% provenía de préstamos bancarios. En 1985, la aportación bancaria era sólo del 20%.

de Estados Unidos y bastantes países de Europa, en Japón no sólo los particulares se endeudaron para adquirir tierras, pisos y locales, sino también las empresas, independientemente de si fabricaban coches, productos electrónicos u ordenadores. La inversión en piedras constituyó la actividad central de las empresas industriales y manufactureras niponas.

Una palanca endogámica

Hemos visto en anteriores capítulos varios mecanismos para elevar el precio de los activos, como, por ejemplo, el de la palanca. En el caso del crac japonés, la fórmula fue tan curiosa como endogámica. Los japoneses se lo hicieron todo ellos solitos, como Juan Palomo: «Yo me lo guiso, y yo me lo como». Las grandes corporaciones, que ya no necesitaban tanto crédito para sus actividades productivas ordinarias, se endeudaron esta vez para adquirir edificios de oficinas, terrenos, campos de golf... La fuerte demanda de inmuebles hacía subir sus precios, por lo que las empresas registraban en su contabilidad la consiguiente revalorización de sus propiedades, lo que afectaba al precio de sus acciones (consecuentemente, subían). Como las empresas tenían más valor, los bancos consideraban que sus garantías eran mayores y procedían a concederles más créditos que, a su vez, invertirían de nuevo en el mercado inmobiliario. De nuevo los precios de las tierras, locales y edificios aumentaban, y volvía a iniciarse el mismo proceso, en una espiral sin fin.

Para que se entienda: una empresa que vale 10 compra un edificio que vale 1. Como el inmobiliario está aumentando, se valora ese inmueble al cabo de poco tiempo en 3. La valoración de la empresa pasa de 10 a 13 (10 + 3). Los bancos la consideran más sólida y, por ende, merecedora de más crédito, con lo que recibe dinero para comprar un segundo inmueble. Como el inmobiliario sigue subiendo (muchas empresas están haciendo lo mismo), los dos inmuebles pasan a valer 6 cada uno. La empresa que pasó de 10 a 13 cotiza ahora por 22 (10 + 6 + 6), con lo que se le otorgan más créditos para comprar más inmuebles, que seguirán subiendo, y así sucesivamente. ¡Los activos revalorizados eran la única garantía de los nuevos préstamos!

A los bancos todo esto les venía muy bien, pues canalizaban el abundante ahorro y excedente de liquidez hacia empresas en cuyo accionariado ellas mismas estaban.[36]

Burton G. Malkiel nos da una idea de los precios que los activos alcanzaron a través de unas abrumadoras comparaciones:[37] en 1990, el valor total de las propiedades inmobiliarias niponas equivalía al 20% de la riqueza mundial y suponía dos veces la capitalización total de los mercados bursátiles. Teniendo Japón 25 veces menos extensión que Estados Unidos, sus propiedades valían en conjunto cinco veces más que las americanas. De hecho, Tokio y su área metropolitana bastaban para igualar el valor de todas las propiedades inmobiliarias de Estados Unidos. Sólo el palacio imperial japonés igualaba en valor al de todo el Estado de California.

De la mano de este aumento iba el valor de las acciones de las corporaciones, pues eran las principales propietarias de los activos inmobiliarios. El índice Nikkei de la Bolsa de Tokio pasó

36. De nuevo, el mecanismo de la Compañía de los Mares del Sur y de los *trusts*: utilizar créditos para aumentar el precio de las propias acciones, en este caso a través de adquisiciones de inmuebles en permanente revalorización.

37. Malkiel, Burton Gordon, *Un paso aleatorio por Wall Street,* Alianza Editorial, Madrid, 2008.

de 11 000 puntos en 1984 a bordear los 40 000 puntos a finales de 1989. Por ejemplo, la telefónica japonesa NTT Corporation tenía un valor que igualaba al de AT&T, IBM, Exxon, General Electric y General Motors juntas.

Lo que pocos sabían era que buena parte de los beneficios de las empresas que cotizaban en la Bolsa de Tokio provenía de operaciones financieras, y no de su actividad productiva ordinaria. Según describe Antonio Torrero en un excelente artículo: «Al finalizar el año fiscal en marzo de 1988, casi el 38% de los beneficios de Toyota provenía de la especulación financiera; Matsushita Electric ganó en este tipo de operaciones el 59% del beneficio total; Nissan el 65%, y Sony el 63%».[38]

He aquí la evolución del Nikkei, principal índice de la Bolsa de Tokio:

ÍNDICE NIKKEI 1978-1989

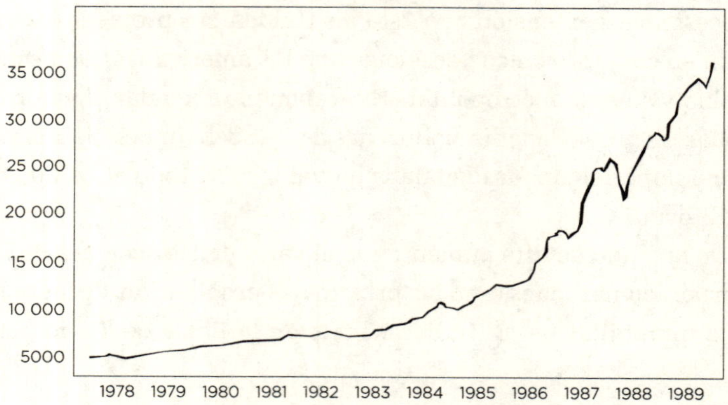

Fuente: elaboración propia a partir de datos de la Bolsa de Tokio

38. Torrero, Antonio (Universidad de Alcalá), *Economiaz* n.º 48, 3er. cuatrimestre, 2001.

El derrumbe

Igual que los japoneses se guisaron solos la especulación, también la echaron abajo sin ayuda externa. En 1990, un informe del Banco de Japón alertaba del inminente desastre que se avecinaba. Adelantaron incluso las distorsiones que sobre la economía podía ocasionar un pinchazo de la burbuja: «Desigualdad de riqueza, trauma para las instituciones financieras especializadas en el sector inmobiliario y un exceso de endeudamiento en empresas y economías domésticas, utilizando el mayor valor de los activos como garantía».[39]

Los nipones, acostumbrados al paternalismo empresarial y al proteccionismo gubernamental imperante, pensaron que el gobierno nunca dejaría caer las cotizaciones e intervendría en caso de un

ÍNDICE NIKKEI 1978-1992

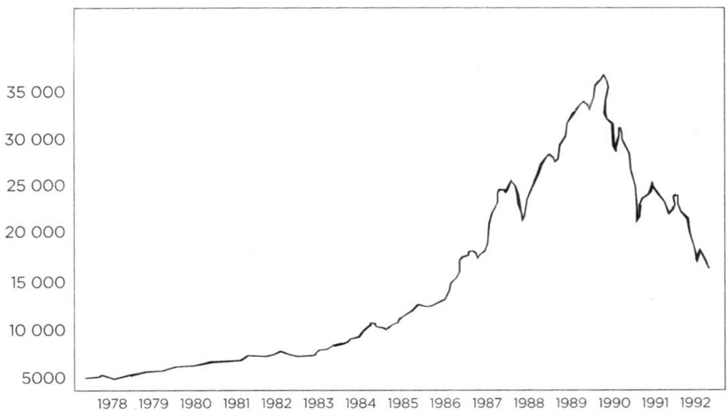

Fuente: elaboración propia a partir de datos de la Bolsa de Tokio

39. Ibídem.

eventual desplome. Pero hizo todo lo contrario. Bajo la esperanza de provocar un «aterrizaje suave» el propio gobierno pinchó la burbuja. El mercado se desplomó a una velocidad vertiginosa: la Bolsa de Tokio bajó un 63% en dos años y el inmobiliario se hundió.

En la bolsa y el mercado inmobiliario hubo una correlación completa, tanto durante el ascenso como durante la caída:

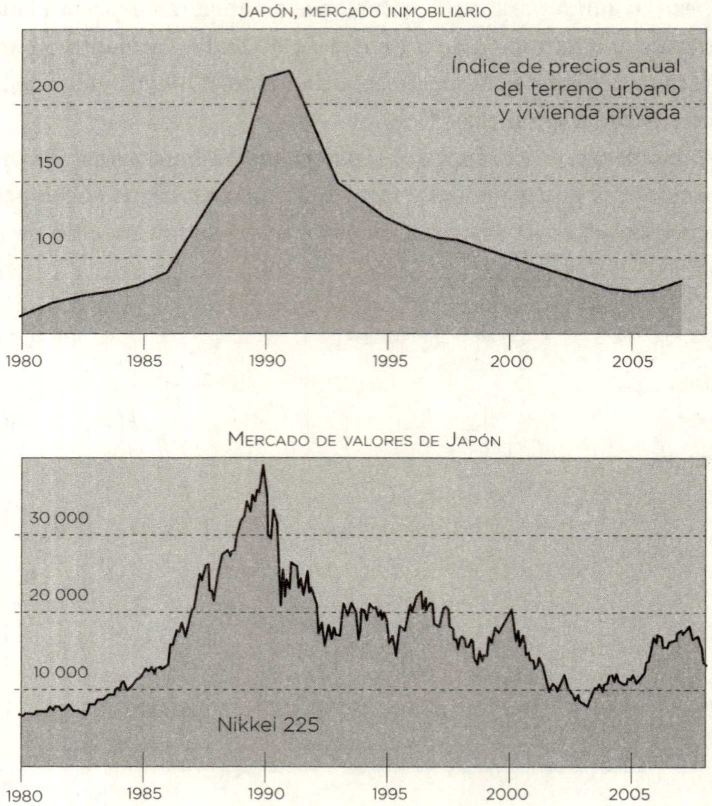

Fuente: Standard & Poor's; Japan Real Estate Institute, a través del Japan Ministry of Internal Affairs and Communications; Bloomberg

Las consecuencias del final de esta burbuja deberían hacernos reflexionar por diversos motivos. En primer lugar, al constatar el tiempo que ha transcurrido sin que Japón levante cabeza: son ya diecisiete años desde el crac. La vivienda no volvió a subir de precio hasta al cabo de catorce años, y las restricciones crediticias paralizaron la economía y dispararon la tasa de paro. Pero hay algo más que no debemos pasar por alto: al ser el sistema bancario el punto final de la especulación, la economía japonesa quedó hipotecada sin haber logrado todavía una reactivación económica. No quiero ser agorero, pero en España estos últimos años nuestro exceso inmobiliario ha sido también desorbitado, y también es la banca la que en última instancia ha financiado esta especulación. La diferencia con Japón es que no es la propietaria última de los activos, sin embargo, sí que los tiene en forma de créditos en el activo de sus balances.[40]

No podemos pasar por alto el coste social. Japón experimentó una decepción y una crisis de sus valores más inmemoriales: la cautela, la planificación, el sentido común, la excelencia. El *boom* inmobiliario dejó fuera de la vivienda a mucha gente, empobreció a unos y enriqueció a otros. Salieron luego a la luz los escándalos sobre las prácticas de los directivos de las grandes corporaciones y la cohesión social se deterioró notablemente.

Japón sigue siendo hoy una potencia, pero dista mucho de lo que podía haber llegado a ser sin tal burbuja. Se conoce al período de crisis como la «década perdida».

Los japoneses no consideran las burbujas algo divertido.

---

40. El 27 de diciembre de 2008, *La Vanguardia* informaba ya sobre la importante cuantía de los activos inmobiliarios que efectivamente se estaban transfiriendo a los balances de los bancos españoles como resultado del impago de las hipotecas que los gravaban.

Algunas lecciones de esta burbuja

- La rápida y pronunciada afluencia de masa monetaria por encima de la producción real fomenta burbujas de activos.
- Durante las burbujas, a quienes compran el bien con el que se especula se les considera más solventes por poseer algo que aumenta mucho de valor. En estos casos, la solvencia se basa en un precio que puede derrumbarse y que la mayoría de las veces lo hace.
- Además, la garantía de las compras especulativas suele ser los bienes con los que se especula, ya de por sí disparados de precio.
- Cuando la burbuja se ha formado y se desea su desaceleración, ya es demasiado tarde. Una burbuja difícilmente pincha «poco a poco». La única forma de desinflar una burbuja es evitar que se forme.

Cinco. La exportación de hipotecas
La crisis *subprime* (2006-?)

Soy un fuerte defensor del libre mercado.
Así pues, mi instinto natural es oponerme
a la intervención del gobierno.
Pero éstas no son circunstancias normales.
El mercado no está funcionando correctamente.
Ha habido una enorme pérdida de confianza.
GEORGE BUSH (9 de agosto de 2008)

Casas para todos

Del 2000 al 2003, la Reserva Federal bajó los tipos de interés del 6,5% al 1% para amortiguar los impactos del pinchazo de la burbuja tecnológica y de los atentados del 11 de septiembre de 2001 sobre la economía global. Como resultado, el mundo inició una fortísima expansión monetaria que se cebó en el mercado inmobiliario.

La política de bajos tipos de interés y la afluencia de fondos internacionales crearon en Estados Unidos unas condiciones ideales para el crédito fácil. En un principio, las entidades financieras concedieron hipotecas a las personas más solventes, pero, a medida que pasaba el tiempo, tenían necesidad de ampliar su mercado. La capacidad de tomar dinero prestado de los bancos centrales era tan alta, que había que buscar posibles prestatarios allí donde fuese.

Los bancos ampliaron entonces el volumen de las ya entonces existentes hipotecas *subprime,* cuyas concesiones se convirtieron en, aproximadamente, algo así:

Mr. Mortgage, director de un banco de Ann Arbor (Michigan), recibe de la central sus objetivos trimestrales. Ha de conceder 40 hipotecas en dos meses. Mr. Mortgage no puede creerlo. Su media es de tres hipotecas al mes, así que va a tener que encontrar clientes donde sea para cumplir sus objetivos. Cuando los tipos estaban al 4% no precisaba conceder tantas hipotecas. Pero con los tipos al 1%, el margen de intermediación se ha estrechado y hay que «vender» cuatro veces más hipotecas para ganar lo mismo que antes. Así pues, decide bucear en el ordenador e identificar a los clientes de su oficina que no tengan hipoteca. Los llama y se reúne con ellos. La conversación con George Hernández, un puertorriqueño instalado en Estados Unidos hace cinco años, es la que mejor refleja todas las que mantuvo Mr. Mortgage ese mes.

—George, en el banco hemos estado comprobando tus cuentas y te hemos escogido como uno de los clientes... eeehm, digamos, preferentes.

—¿Preferentes? —pregunta extrañado George Hernández—. Pero si tengo un saldo de 1500 dólares. Es todo lo que tengo... Las cosas están difíciles para los latinos en este estado norteño.

—Sí, es cierto —responde Mr. Mortgage—, pero nunca has estado en números rojos.

—Bueno, tengo algunos créditos sin devolver en el Bank of Michigan y en el Citibank, pero lo cierto es que a ustedes nunca les pedí un crédito, por eso no les debo nada.

—Exacto, exacto, a eso me refería. Que no nos debes nada. Lo otro podemos obviarlo.

—Como usted diga. ¿Y por qué me ha llamado?

—Te explicaré: tenemos un paquete de 40 hipotecas para conceder y nos hemos preguntado si no te interesa comprarte una vivienda.

En este punto a George Hernández se le enturbian los ojos.

—¿Una vivienda? ¿Lo dice en serio? ¿Dónde está la cámara oculta?

Mr. Mortgage ríe la broma y continúa:

—No hay cámara escondida. Es totalmente en serio. Ve a ver la nueva promoción de viviendas al sur del campus universitario. Son unas casitas sencillas, pero se están vendiendo muy bien. Tenemos un acuerdo con el promotor. Si compras la casa y nos solicitas la hipoteca a nosotros, te haremos unas condiciones especiales.

—Verá, Mr. Mortgage, es que no tengo dinero para la entrada de la casa. Si quiere que le diga la verdad, esos dólares que hay en la cuenta son todo lo que tengo.

—¡Eso no es un problema, amigo George! La casa de la cual te hablo cuesta 100 000 dólares, y nosotros te los prestaríamos íntegramente. No hace falta que pagues la entrada. Además, durante un tiempo te aplicaremos un tipo de interés preferente, muy reducido.

—¿Y por qué a mí?

—Bien, te diré la verdad. El mercado inmobiliario está subiendo mucho. La hipoteca que te concederemos tiene como garantía la casa que adquieres, así que el banco está tranquilo contigo... y con cualquiera. Las casas van a subir de valor: un crédito de 100 000 dólares por una casa que el año que viene valdrá 150 000 dólares es la mayor de las garantías que un banco puede tener. Pero no me hagas perder el tiempo porque tengo cinco George Hernández como tú esperando en la salita y no quiero llegar tarde a casa, que hoy juegan los Chicago Bulls. ¿Te interesa o no te interesa?

Esto fue más o menos lo que aconteció en Estados Unidos durante la formación de la burbuja inmobiliaria. En una hipoteca *subprime* apenas se realizaba un pago a cuenta de la vivienda, es decir, ésta se financiaba íntegramente; eran hipotecas concedidas a familias de bajos ingresos y con un historial de crédito de morosidad, personas que no cumplían los requisitos requeridos por costumbre para la concesión de préstamos hipotecarios. Los bancos iniciaron una política de préstamos de alto riesgo, aplicando unos tipos de interés excepcionalmente bajos, que por regla general se daban sólo a las personas más solventes. Al financiar el 100% (o incluso más) de la vivienda, no había constancia alguna de que la familia compradora tuviera ahorro o liquidez. En el año 2005, la paga y señal media de las hipotecas *subprime* americanas fue sólo del 2%, y se calcula que un 43% de los compradores no hizo desembolso alguno.

Adicionalmente, tal y como sucedió en España, los plazos de tiempo de las hipotecas se alargaron a períodos largos para hacer más asequible la cuota mensual. Una hipoteca por 40 años en lugar de 20, reduce el dinero que debe pagar cada mes. De este modo, la modesta nómina de George podía asumir el pago de la hipoteca.

Y así, de George en George, y de 100 000 en 100 000 dólares, en Estados Unidos las hipotecas *subprime* pasaron de 35 000 millones de dólares en 1994, a 160 000 millones en 1999, y finalmente a la friolera de 600 000 millones de dólares en 2006. Para que nos hagamos a la idea: esta cifra equivaldría a casi la mitad del PIB de España y a un 6% del PIB norteamericano. La verdad es que cuando George Hernández aceptó la hipoteca, sabía a la perfección (al igual que Mr. Mortgage) que no estaba demasiado claro que pudiera devolverla. Sin revelarlo abiertamente al otro, ambos aspiraban a refinanciar la hipoteca basándose en la revalorización de la vivienda.

Recordemos que el tipo de interés del primer año es más bajo. Pues bien, cuando finalizó el período de gracia con que el banco de Mr. Mortgage obsequió a George, la cuota mensual quedó por encima de lo que el latino ingresaba al mes.

—No te preocupes, George. Como te dije, las casas en Michigan han subido tanto que la tuya se valora hoy en 200 000 dólares. Si quieres, te puedo dar un crédito adicional de 50 000 dólares con la casa como garantía. De este modo, hasta que consigas un aumento de sueldo o un trabajo mejor, puedes ir complementando lo que te falta para la nómina y, de paso, comprarte un coche, que lo tienes un poco destartalado.

George no puede creerlo.

—¿Dónde he de firmar? —es lo único que pregunta.

Esto fue lo que se hizo. Basándose en la revalorización de la vivienda, se concedieron créditos adicionales cuyo único destino era complementar la cuota mensual para quien no tuviera suficiente. Lo que en realidad se hacía era financiar con nuevos créditos los intereses que el cliente ya no podía asumir.

Con esta laxitud crediticia, claro que la casa de George aumentó de valor. ¡Y todas las demás! La demanda de casas era enorme, con lo que los precios subieron espectacularmente.

A su vez, la compra de inmuebles a través de generosas hipotecas disparó el endeudamiento de todos los «George Hernández» de Estados Unidos: en 1999 el porcentaje de la deuda de los hogares sobre la renta disponible era del 101%; al final del 2007 era del 142%. La deuda de los hogares americanos ascendía en 1974 a 705 000 millones de dólares. En el 2008, a 14,5 billones.[41]

Evidentemente, no sólo se endeudaron personas de dudosos ingresos. El aumento generalizado de precios del inmobiliario atrajo también a los especuladores. Se calcula que entre el 2005 y el 2008 el 40% de las casas vendidas no eran primera residencia.[42]

Cómo exportar hipotecas

En las oficinas centrales del banco donde trabaja Mr. Mortgage, el presidente está reunido con su consejo de dirección. Han concedido un número de hipotecas muy alto, y el mercado de la vivienda está caliente todavía. Necesitan conceder más hipotecas, pero el balance del banco no lo soporta. Sería ideal desembarazarse de algunas hipotecas para continuar dando créditos a muchos George más.

Uno de los consejeros está precisamente haciendo una presentación sobre unos productos financieros que otros bancos han lanzado ya con éxito, y que les está permitiendo quitarse de en-

---

41. Como se sabe, los americanos denominan «trillones» a lo que en castellano llamamos «billones». Y denominan «billones» a nuestros «miles de millones». Para simplificar, he optado en este libro por ceñirme a nuestra denominación. La deuda de los hogares americanos del 2008 en un texto estadounidense hablaría de 14,5 trillones de dólares.

42. www.cnnmoney.com

cima ciertas hipotecas, liberándose de este modo recursos para conceder nuevos créditos. Entramos en la conocida titulización de las hipotecas *subprime*.

Lo que los bancos hicieron fue empaquetar las hipotecas con un lacito y enviarlas a entidades financieras de otros países bajo nombres seductores, como si fueran fondos de inversión. En otras palabras, se toma el crédito de 200 000 dólares de George Hernández y se vende, a través de un banco de inversión, a un banco europeo: «Este fondo da un 7% de rentabilidad[43] y está catalogado como de máxima solvencia», dice el folleto de la emisión del fondo.

Los inversores europeos y de todas partes del mundo no hicieron demasiadas preguntas, pues era una época en la que había mucho dinero y la percepción de riesgo era baja.

«Es un buen producto, es seguro, y da un 7%», decían los bancos a sus clientes.

La gente lo compró y los bancos lo vendieron sin detenerse a examinar que lo que había en realidad era un montón de hipotecas de un montón de «George Hernández». ¿De veras se recibió un 7% de interés? Los primeros años sí. Pero los intereses que pagaba George Hernández provenían a veces de nuevas ampliaciones de su hipoteca que, al mismo tiempo, volvía a ser empaquetada con otro lacito y exportada por medio mundo.

Recientemente se ha producido un escándalo por la aparición de una pirámide financiera, la más grande de la historia, orquestada por el especulador Madoff, quien satisfacía los beneficios

43. Este 7% de rentabilidad es en realidad el interés que paga el bueno de George Hernández.

de sus clientes con las aportaciones de quienes iban entrando en su pirámide. En el fondo, no es muy distinto a lo que se hacía con las *subprime*. Los intereses que recibían los inversores que pusieron su dinero en fondos que contenían hipotecas *subprime* provenían, en realidad, de renovaciones de créditos otorgados a los millones de Georges Hernández que no llegaban a final de mes. De este modo, comprar la hipoteca de George parece seguro porque, en apariencia, paga con puntualidad sus intereses.

Bajo este mecanismo, instituciones financieras e inversores de todo el mundo invirtieron indirectamente y sin saberlo en el mercado inmobiliario americano. La denominación más conocida es «titulización», y el proceso es muy parecido a la conversión de obligaciones en acciones de la Compañía de los Mares del Sur. Una hipoteca se transforma en un fondo de inversión. La deuda se convierte en un activo transferible.

No estamos hablando de unos pocos lacitos. Pensemos que, de los 10,6 billones de dólares que había en hipotecas en Estados Unidos, en el 2008, el 60% ya se había titulizado, es decir, los bancos se las habían sacado de encima y se las habían traspasado a todo tipo de entidades financieras y de ahorro, tanto de Estados Unidos como del resto del mundo.

Para más inri, estas inversiones se hacían en algunos casos mediante apalancamiento financiero, es decir, que como el fondo de inversión que daba el 7% era tan seguro (pobre George Hernández), algunas entidades e inversores pedían créditos (el tipo de interés estaba bajo) al 4% e invertían en hipotecas basura que daban un 7% o más.

Otro modo de captar dinero era mediante emisiones de deuda por parte de importantes bancos de inversión. Por ejemplo, comprar deuda de Lehman Brothers parecía seguro. Lehman Brothers compraba fondos *subprime*[44] y luego emitía obligaciones a dos o tres puntos menos que los que daban estos fondos. Inversores de todo el mundo (de España también) adquirían estas obligaciones y Lehman Brothers ganaba el diferencial sin poner apenas nada de su bolsillo. Por desgracia, hoy Lehman Brothers es un nombre que sólo sirve para un grupo de jazz.

De nuevo, no hablamos de algo marginal: en el período 2004-2007, los cinco bancos más importantes de Estados Unidos emitieron deuda por un total de 4,1 billones de dólares, el 30% del PIB de Estados Unidos. De estos cinco, Lehman Brothers quebró; Bear Stearns y Merrill Lynch fueron vendidos a precios de saldo; y tanto Morgan Stanley como Goldman Sachs se reconvirtieron en bancos comerciales.

Por su parte, los ejecutivos de Wall Street que participaron de todas estas operaciones se embolsaron 23 900 millones de dólares en forma de *bonus*. Lo mismo que pasó en la Compañía de los Mares del Sur y que en 1929. De nuevo, mientras todos ganaban, a todo el mundo le parecían bien esas «pequeñas» comisiones.

¿Nadie se dio cuenta de todo esto? ¿No estaban estas empresas auditadas? Las operaciones bancarias de compra de titulización de deuda hipotecaria se podían hacer fuera de balance, con lo que los riesgos quedaban ocultos. Además, existen unos organismos independientes llamados agencias de *rating*. Su misión es calificar el nivel de riesgo de un producto financiero que sale al mercado. Las agencias de *rating* clasificaron las hipotecas refinanciadas de George Hernández como fondos de inversión Triple A

44. Los llamo así para que se entienda a qué inversiones me refiero. En realidad, se les denominó MBS (Mortgage Backed Securities).

(es la clasificación de máxima garantía y solvencia). Todavía se está investigando por qué.

En cualquier caso, esta continua transferencia de hipotecas desde los bancos norteamericanos hacia los inversores multiplicó su capacidad de concesión de préstamos. El caudal de dinero parecía inagotable. La concesión de más y más hipotecas produjo una espiral de precios en el mercado inmobiliario, como sucedió en Japón durante los años noventa.

La casa de George Hernández valía cada vez más, con lo que Mr. Mortgage, además del crédito para los intereses y el auto, le concedió otro de 10 000 dólares que George utilizó para viajar a Canadá en verano y comprarle unos cuantos regalos a su mujer.

Préstamos al consumo

Cuando el mercado inmobiliario aumentaba como la espuma, la gente que tenía una casa pagada se sentía rica, pues entendía que su patrimonio aumentaba: a esto se llama un aumento de la sensación de riqueza —esto lo vivimos también en España—. Reparemos en que no se dice «aumento de riqueza», sino «aumento de sensación». El motivo es que hablamos de una revalorización de un activo cuyo propietario necesita para vivir. Si el piso donde uno vive sube de valor, pero necesita vivir en él, esta revalorización no le reporta un ingreso inmediato.

Los bancos no lo veían así, ni en España ni en Estados Unidos, y prestaron dinero para consumir, con la garantía de las revalorizadas viviendas. Se instauró una cultura de consumismo desenfrenado e inmediato. En el año 2005, muchos hogares americanos gastaban más del 100% de su renta disponible sólo en consumo y pago de intereses. Es decir, se vivía con más dinero del que se ganaba. Es obvio que una persona puede vivir un año, tal vez dos, gastando más de lo que ingresa. Pero es también evidente que esta situación no puede alargarse de manera indefinida en el tiempo.

Estallido de la burbuja

Esta explosión del inmobiliario se tradujo en un *boom* de la construcción, lo que hizo aumentar progresivamente el excedente de viviendas vacías y sin vender. El *stock* de casas empezó a crecer y los ciclos medios de venta registraron niveles de alerta.

Los problemas se hicieron patentes en el 2007. Los precios comenzaron a bajar de forma progresiva. Y, poco a poco, de pequeña bajada en pequeña bajada, llegó un punto en que las casas vendidas durante la burbuja valían menos que las hipotecas. Es decir, la casa de George Hernández se valora en 190 000 dólares, pero el puertorriqueño debe 250 000 dólares al banco.

En marzo del 2008 este desfase entre el dinero prestado y el valor de la casa (¡recordemos que es la garantía del préstamo!) afectaba a 8,8 millones de casas. En noviembre de 2008, a 12 millones de viviendas.

Claro, cuando los millones de George Hernández fueron al banco a pedir más dinero para financiar los intereses, les dijeron que ya no era posible.

—Verás, George —argumenta ahora Mr. Mortgage—, no puedo prestarte más. Además, debes ya tres cuotas mensuales. ¿Cuándo piensas pagarlas?

George baja la vista. No tiene ese dinero. Trabajaba en la construcción y se quedó sin empleo hace seis meses. Había estado viviendo y devolviendo el crédito con los préstamos que Mr. Mortgage le daba y que el banco exportaba en forma de fondos de inversión por medio mundo.

Fue entonces cuando George Hernández, que no es tonto, decide dejar su casa. ¿Para qué devolver 250 000 dólares al banco por una casa que vale 190 000? En Estados Unidos, la ley es distinta a la española. Si a uno le embargan la casa, queda libre de la deuda, independientemente de lo que el banco saque por ella en una eventual subasta pública.

—Aquí tiene la casa, Mr. Mortgage. Con ella quedo libre del crédito.

Y George Fernández emigra a México lindo con su familia en busca de una vida mejor.

Cuando los millones de George abandonaron sus casas, los inversores dejaron de recibir el 7% de intereses. Fue entonces cuando los bancos extranjeros desenvolvieron el paquete con el lacito, y se dieron cuenta de la bomba que había en el interior. La primera reacción fue envolver el paquetito de nuevo e intentar revenderlo a alguien, pero como la alarma había cundido, ya nadie quería los paquetes de los hermosos lacitos.

La segunda solución consistía en vender la casa y recuperar parte del dinero. Al fin y al cabo, algún valor tenía. Sí, pero como todos los propietarios de paquetes con lacitos hicieron lo mismo, en pocos meses los jardines de las casas de Estados Unidos se llenaron de carteles donde decía «For sale». Los precios se derrumbaron. Y más tarde, sencillamente, no había compradores.

¿Cuánto pagó usted por su paquetito? 100 000 dólares.

¿Cuánto interés le daba? Un 7%.

¿Cuánto interés le da ahora? 0%.

¿Por cuánto podemos vender la casa? No hay nadie interesado en comprarla.

En enero de 2008 el *stock* de casas era 10 veces mayor que las ventas, el ratio más elevado desde 1981. Durante el año 2007 casi 1,3 millones de viviendas americanas se hallaban en proceso de embargo, un 79% más que en el 2006.

Las pérdidas en concepto de paquetes con lacito —fondos *subprime*— ascendían en julio de 2008 a un total de 435 000 millones de dólares. No se sabe la cuantía real de créditos irrecuperables. Se habla de importes que oscilan entre los 700 000 millones y los 3 billones de dólares. Hará falta cierto tiempo para saber cuántos George Hernández acabarán por dejar también sus casas.

Consecuencias

Las consecuencias de esta crisis han sido devastadoras para el sistema financiero internacional. A medida que se han ido conociendo qué entidades habían invertido en fondos *subprime,* éstas han ido quebrando o siendo rescatadas. Ha habido bancos afectados en Alemania, Holanda, Bélgica, Reino Unido...

España, gracias a que las operaciones fuera de balance no están permitidas, apenas entró en esta burbuja. Sin embargo, hemos tenido nuestra propia «pequeña» *subprime*. No hemos necesitado invertir en el inmobiliario estadounidense porque el nuestro era todavía más «rentable».

El problema con las *subprime* fue que, durante unos meses, no se sabía qué bancos estaban contaminados y cuáles no. Todavía hoy persisten las dudas y suspicacias interbancarias. E incluso sabiendo qué bancos tienen *subprimes,* se desconoce la magnitud del problema: el número de George Hernández que se queden sin empleo depende de la evolución de la economía, por lo que algunos paquetes con lacito aguantarán y otros explotarán.

Ante esta incertidumbre, los bancos decidieron interrumpir los préstamos que se hacían entre ellos (el denominado mercado interbancario, esencial para el funcionamiento de la economía real).

Los problemas de solvencia y liquidez de los bancos hicieron que los bancos centrales (Banco Central Europeo, Reserva Federal) dotaran de fondos a aquéllos con tal de restaurar la confianza en el sistema financiero y aminorar la estrangulación del crédito. Dicen que se salvó la situación por días y que el mundo estuvo a punto de vivir un colapso absoluto del sistema financiero.

Los efectos en los mercados de valores también se dejaron sentir: desde que el 9 de octubre de 2007 alcanzó los 14 464 puntos, la bolsa ha ido bajando hasta alcanzar en marzo de 2009 los 6 626 puntos, es decir, ha perdido un 54% de su valor.

La crisis financiera se propagó por todo el mundo, iniciándose una recesión de carácter global. Organismos internacionales como el Fondo Monetario Internacional o el Banco Mundial se muestran profundamente preocupados por la situación. Los gabinetes de economía de los distintos gobiernos del mundo revisan sus previsiones económicas con mayor frecuencia de lo que lo solían hacer. Sobre la magnitud de esta crisis profundizaré en el capítulo 7.

Algunas lecciones de esta burbuja

- Cuando la burbuja se ha hecho demasiado grande y no se quiere asumir su pérdida, lo habitual es refinanciarla. Se trata de postergar lo inevitable, agravando en realidad el problema.

- Durante las épocas de euforia hay una tendencia a no informarse ni cuestionarse el rendimiento intrínseco de los activos en los que se invierte, dado que sobran compradores a quienes revendérselos.
- Volvemos a comprobar que la garantía del dinero prestado para la inversión es el propio bien con el que se especula.

Fin de las burbujas de la Historia. Veamos ahora las conclusiones que de ellas se extraen.

II

EL SÍNDROME DEL NECIO Y SU PROPAGACIÓN

Esta segunda parte está dividida en tres capítulos. El capítulo 6 va a centrarse en los rasgos que aquejan a los inversores que participan de bacanales económicas como las descritas en las páginas previas. Se trata de un conjunto de 10 síntomas que caracterizan a las personas sensatas que incurren en riesgos desmedidos.[45] Si bien se trata de un texto explicativo, su función es eminentemente preventiva. Consiste en elaborar «un retrato» lo más fidedigno posible de su comportamiento, por lo que me acercaré más a la psicología y la sociología que a la economía propiamente dicha.

Como anticipé en el preliminar del libro, las características de este síndrome deberían servir como prevención al mayor núme-

45. Han sido 10 como podían haber sido 8, 9 o 14. El número de síntomas de este libro no es, por tanto, resultado de una búsqueda forzada, típica de libros del tipo «How to...».

ro posible de personas para que se abstengan de meterse en una burbuja; para que la gente pueda diagnosticar mediante unos simples parámetros y observaciones si el negocio, inversión o venta que le están ofreciendo contiene los ingredientes de una espiral especulativa; o para estimar cuándo una inversión, como por ejemplo la compra de una vivienda o el destino de su fondo de pensiones, se realiza a buen precio. Los rasgos y síntomas de este mal son muy evidentes, por lo que será fácil identificar el síndrome del Necio en nosotros mismos o en otros. Este capítulo contiene también recomendaciones prácticas, de modo que los defectos del especulador se conviertan en las virtudes del buen ahorrador, comprador o inversor.

El capítulo 7 se centrará en la propagación del síndrome a personas inocentes más allá de las fronteras. Se trata de explicar cómo y por qué la euforia de unos pocos se transforma en el mal de muchos. ¿Qué mecanismos provocan que una crisis financiera local se transforme en recesión económica global? Sin hacer uso de un lenguaje técnico, explicaré de modo sencillo y directo por qué las consecuencias de los cracs afectan también a quienes no participan de ellos.

El capítulo 8 responderá a cinco cuestiones finales en relación al futuro más inmediato.

Seis. El síndrome del Necio
Los 10 síntomas de la enfermedad de la codicia

El más irreprochable de los vicios
es hacer el mal por necedad.
CHARLES BAUDELAIRE

Cualquier persona puede contraer el síndrome del Necio. Sin embargo, su propagación requiere un entorno determinado, propiciado por un conjunto de factores.

El primero de estos factores es que se haya vivido una época de prosperidad. No ha sido gratuito que los primeros párrafos de las burbujas descritas en este libro arrancasen con un apunte acerca de la fabulosa prosperidad que precedió a la época de la especulación. De manera sistemática, antes de cada burbuja, una expansión económica trajo la abundancia. En el caso de Holanda, el comercio internacional; en el de los Mares del Sur, la entrada de recursos que provino de las Indias y demás colonias británicas; en el del crac del 29, los felices veinte; en la burbuja de

Japón, el desarrollo industrial y las exportaciones niponas; en la crisis *subprime,* el formidable crecimiento del PIB que siguió al cambio de siglo.

Difícilmente una persona actuará como un necio si no nada en la abundancia. Años de opulencia, crecimiento, fácil acceso al empleo y beneficios empresariales generalizados son algunas de las condiciones sine qua non para que una burbuja alcance dimensiones exorbitantes.

La segunda condición es probablemente una de las conclusiones más importantes de este ensayo, pues va a ser el factor explicativo de todos los problemas ulteriores, tanto de las burbujas financieras como de las recesiones económicas: para que se forme una burbuja tiene que darse una época de política monetaria expansiva, en otras palabras, de muy fácil acceso al dinero. Esto significa algo tan sencillo como que aumenta el número de billetes y monedas en circulación más de la cuenta. Existen varias fórmulas para conseguirlo.

Una es el gasto público. Si el Banco Central acelera el ritmo de la máquina de fabricar billetes (para invertir o gastar en su país), está inyectando dinero en su propia economía. Si un Estado pide dinero prestado a otro y lo aplica igualmente a contrataciones públicas de cualquier índole, está insuflando masa monetaria entre sus ciudadanos.

Otro mecanismo es el acceso al crédito. Hay épocas en que los bancos tienen mucho dinero para prestar (este dinero puede provenir del ahorro de los ciudadanos o de créditos que los mismos bancos piden al Banco Central o a los bancos de otros países). Si las personas (o las empresas) están poco endeudadas, tendrán capacidad para pedir préstamos, lo que hace aumentar la cantidad de dinero en circulación. Esto ocurre cuando la economía va bien, hay poco paro y la morosidad es baja. La valoración del riesgo de los bancos también lo es y como consecuencia prestan el dinero más alegremente a todo tipo de individuos sin distinguir entre los más y los menos solventes.

Por ejemplo, cuando los tipos de interés están bajos, los créditos son más baratos, por lo que la gente tiene, con un mismo sueldo, mayor capacidad de pedir dinero al banco. Esto mismo lo hemos vivido en España cuando, con el Euríbor por los suelos, había quien asumía préstamos hipotecarios de cuantías enormes.

Fijémonos en que, en las burbujas más grandes de la Historia que hemos visto, se dio este fácil acceso al dinero. En la Holanda de 1636 los excedentes de oro de los comerciantes y mercaderes hicieron posible que un sistema financiero incipiente dispusiera de cantidades grandes de dinero para prestar; en la Inglaterra del 1720, el gobierno gastó muchas libras en pocos años (es cierto que el destino de este gasto era la guerra contra España, pero el dinero iba a parar al fin y al cabo a la población a través de la compra de armas, de encargos de barcos o de los salarios de los soldados); en 1929 el aumento de dólares en circulación se hizo primero a través de créditos al consumo, para que adquiriesen los nuevos productos electrodomésticos de la era moderna y después en forma de préstamos a los inversores para que comprasen acciones a plazo con fianza; en la burbuja de Japón, los grandes conglomerados industriales depositaron los millones de yenes de sus exportaciones en el sistema financiero al cual estaban directamente conectados, yendo a parar después al mercado inmobiliario; en el caso de la crisis financiera de las *subprime* y la crisis hipotecaria española, hemos asistido a un aumento del dinero en circulación de cotas nunca vistas: la masa monetaria estuvo durante demasiados años creciendo por encima de la producción real de bienes y servicios.

Ahorro, crédito, gasto público o creación de moneda. No importa. La cuestión es que en un entorno de prosperidad y seguridad la gente se endeude hasta el cuello para consumir o invertir, que se vuelque una masa de dinero enormemente superior a lo que la economía necesita para expandirse por su propio crecimiento natural. Los hermanos Marx acuñaron la célebre frase de «¡Más madera! ¡Es la guerra!». Antes de las burbujas, los bancos gritan a sus ciudadanos: «¡Más dinero! ¡Es la prosperidad!».

Si llueve y la temperatura es baja, nieva. Del mismo modo, cuando estas condiciones descritas se dan a la vez, tarde o temprano aparecerán los primeros aquejados del síndrome del Necio.

¿Por qué el apelativo de Necio?

No es mi intención ser despectivo. Y menos todavía insultar o ridiculizar a nadie. Como he explicado en la introducción, denomino síndrome del Necio a la patología de quien especula (muchas veces sin saberlo), porque «necio» no es un insulto, sino el término utilizado para designar a quien ignora algo que podía saber o haber sabido.[46] En segunda instancia, porque ya decía Antonio Machado que «sólo un necio confunde valor con precio». De

46. *Necio* proviene del latín *(nescius)*, y éstas son las definiciones que da el diccionario de la Real Academia Española: 1. adj. Ignorante y que no sabe lo que podía o debía saber. 2. adj. Imprudente o falto de razón. 3. adj. Terco y porfiado en lo que hace o dice. 4. adj. Dicho de una cosa: ejecutada con ignorancia, imprudencia o presunción.

Nescius proviene a su vez de *descire*, o «no saber». Por tanto, *necio* no es un insulto, sino un juicio sobre el grado de conocimiento de otra persona en relación a una determinada disciplina o saber.

ahí que haya escogido «necio» para bautizar al síndrome de quienes entran en espirales especulativas. Además, seamos sinceros, cuando uno pierde sus ahorros o se encuentra atrapado en el pinchazo de una burbuja se siente un tanto necio. Se da cuenta de que informándose un poco más habría podido evitar su ruina. Se percata también de que asignó a su compra un precio excesivo e insostenible. Así pues, que nadie se ofenda por lo de necio. Además, todos, yo mismo, cualquiera puede contraer este síndrome. Todos hemos actuado o actuaremos alguna vez a lo largo de la vida como necios. El síndrome del Necio es una enfermedad consustancial al ser humano y lo difícil no es contraerlo, sino mantenerse alejado de él. La tentación de ganar dinero es enorme, la avaricia o el deseo de acumular son superiores al lado oscuro de la fuerza que atrajo hacia sí al joven y noble Anakin Skywalker. Incluso sabiendo que iba a ser engañado, cayó en la trampa del emperador.

Vamos por fin con los rasgos y características del síndrome del Necio.

SÍNTOMA 1: exceso de confianza

El síndrome del Necio empieza con una profunda tranquilidad. Los que se van a sumir en una auténtica euforia financiera que se convertirá en su ratonera piensan que no hay nada que temer, que nada puede ir mal o es muy difícil que así sea. Los fundamentos de esta creencia radican en la fenomenal prosperidad que los rodea. Recordemos el entorno en el que se hallan envueltos: empleo, crecimiento económico, beneficios generalizados (¡sería estúpido no sumarse a los mismos!) y liquidez abundante.

Da la sensación de que es muy difícil que todo eso cambie. Los participantes de una burbuja son conscientes de que la prosperidad no es eterna, pero incluso a pocos días de su pinchazo consideran que falta mucho para ello. Creen que habrá indicadores que avisen del crac, y que dispondrán de tiempo suficiente para salir del mercado ordenadamente. Confían en correcciones suaves de una brusca tendencia alcista.

No es así. Nunca ha sido así. Cuando una burbuja pincha nunca lo hace poco a poco. ¿Recuerdan los numerosos artículos y declaraciones que auguraban un «aterrizaje suave» del sector de la construcción?

Las burbujas explotan de pronto, sin darnos tiempo para reaccionar. Lo hemos visto en la primera parte del libro. Si el lector revisa los gráficos del final de cada burbuja, comprobará que las caídas ocurren de repente y con violenta brusquedad.

Además, los avisos que puedan producirse del inminente pinchazo no suelen aparecer en los bienes objeto de la especulación, sino en otros indicadores no directamente relacionados.[47]

Oí una vez una frase demoledora: «Por muy enferma que esté una persona o muy cerca de la muerte que se sepa, casi siempre piensa que va a vivir un día más». Esa certeza tiene también lugar el día de su muerte.

En asuntos de dinero, el exceso de confianza es peligrosísimo. Es la actitud que ha provocado que se hundan las empresas más exitosas, las civilizaciones más esplendorosas o los mayores imperios. El *Titanic* se hundió debido a dos motivos principales: inercia y exceso de confianza. La inercia no permitió virar a tiem-

---

47. Como demostraré en el capítulo 7 las burbujas avisan de su inminente término por medio de indicadores relacionados con la economía real y no con los mercados financieros.

po cuando el iceberg fue avistado. Y la confianza excesiva hizo que los sistemas de alerta y el número de vigilantes fueran inferiores a los riesgos de la travesía. «El *Titanic* no lo hunde ni Dios», dijo alguien antes de partir. No lo digo yo, lo dice el diccionario en una de sus acepciones: necedad es igual a prepotencia y presunción.

La tranquilidad ilimitada es una falacia, pues lo único que no cambia es que todo cambia y, por tanto, siempre hay que estar alerta. En inglés existe un término muy apropiado, llamado *worst case scenario,* el peor escenario posible. Los maestros en su aplicación son los médicos. Cuando un médico informa a su paciente de su patología siempre le dibuja el peor escenario posible. De momento, le expone la situación más indeseable a la que puede conducir su enfermedad, independientemente de su probabilidad, de la cual hablará más tarde. Es el modo de que el paciente tome conciencia de sus verdaderos riesgos. Los médicos procuran no asustar (¡aunque lo hacen, y mucho!), pero consideran que si el enfermo no está bien informado de lo que puede pasarle, es fácil que no se tome tan en serio sus prescripciones. Este hábito responde también al interés de los galenos por protegerse de cualquier denuncia ulterior. Los médicos se han propuesto erradicar, y casi lo han logrado, ese «No me avisaron de que podía pasar esto».

Pues no me parece tan mal. ¿No deberían proceder igual quienes recomiendan una inversión a un cliente? ¿No deberían exponerse los *worst case scenarios* de las ofertas que hacen los bancos, los asesores de inversión o las inmobiliarias? ¿Por qué casi ningún banco explicaba a los jóvenes que suscribían hipotecas a tipos de interés excepcionalmente bajos lo que podía suceder si éstos subían? Alguien argumentará que quienes firmaban la hipoteca eran personas adultas y responsables de sus actos. También lo son los pacientes a quienes los doctores exponen el peor escenario al que su enfermedad los puede llevar.

Por otro lado, la tranquilidad excesiva de los especuladores no tiene demasiado fundamento. Su creencia de prosperidad continuada se sustenta en que todo lleva un largo período de tiempo yendo bien, lo cual, en realidad, no significa nada.

Cuando se trata de nuestros ahorros e inversiones debemos estar permanentemente alerta porque hay demasiados lobos acechando, aunque no los veamos porque van disfrazados de oveja. Estar siempre alerta ayuda a no confiarse. No debe confundirse estar alerta, que es sano y natural, con tener miedo. El miedo sin objeto produce colapso, es bloqueante y conduce a la inacción. En cambio, estar alerta significa sopesar bien los riesgos sin dejar pasar ninguno por alto. No es bueno confiarse debido a un entorno próspero.

Y lo más importante: cuando uno está confiado, otorga credibilidad a lo que oye con una pasmosa ligereza. El exceso de confianza va a ser el caldo de cultivo ideal para el autoengaño, que es el segundo síntoma.

SÍNTOMA 2: engaño consentido o autoengaño

Durante los procesos descritos en la primera parte de este libro, alguien habrá tenido la sensación de que se engañaba a la gente. Maliciosos y ávidos banqueros, agentes, vendedores sin escrúpulos y rufianes de guante blanco explicaban sólo «una parte de la película» a los pobres inversores, quienes quedaban desplumados cuando la burbuja pinchaba.

¿Fue así realmente? ¿Fueron engañados los compradores de tulipanes que entregaron sus propiedades a cambio de un bulbo?

¿Fueron timados quienes cambiaron sus obligaciones del gobierno inglés por las acciones de la Compañía de los Mares del Sur? ¿Y el limpiabotas que pidió prestado dinero para invertir en bolsa en el año 1929 y que con toda probabilidad se arruinó después? ¿Y aquellos a quienes en el banco les recomendaron comprar títulos de Terra a 150 euros la acción? ¿Y los que invirtieron sus ahorros en fondos de inversión detrás de los cuales había hipotecas basura de Estados Unidos? ¿Engañaron a quienes invirtieron en el inmobiliario entre los años 2003 y 2008, luego vieron las cuotas de sus préstamos dispararse por culpa del aumento del Euríbor y sus inversiones depreciarse debido a la crisis de la construcción?

No quiero caer en la fácil demagogia. Ni para culpar a quienes recomendaban o vendían estos activos ni para exculparlos. Tampoco mi postura a este respecto es gratuitamente salomónica. Mi conclusión es que en muchos de estos casos hubo engaño (especialmente cuando nos referimos a las personas que adquirían sus viviendas propias), pero los inversores (muchos de ellos personas inteligentes y cautas) inundados de un exceso de confianza, protegidos por la seguridad de la dirección que toma el rebaño o movidos por una avidez y envidia desmesuradas, se autoengañaron.

Un claro ejemplo: cuando se comunicó a los ingleses entre 1715 y 1720 que sus obligaciones podían ser canjeadas por acciones de la Compañía de los Mares del Sur, se les explicó cuáles eran las dos ventajas de la operación. Una, los intereses. Y, si bien el gobierno nunca logró obtenerlos de los impuestos que impondría a la propia empresa, pagó el 6% de intereses prometido. Por otro lado, efectivamente otorgó a la empresa los derechos de exclusividad comercial con América del Sur. Otra cosa distinta es que luego no hubiese tráfico o que España no permitiera a los navíos ingleses más que una travesía al año. En todas las burbujas documentadas, la información del vendedor fue más veraz que falsa. El engaño no suele estar en la información, sino en la actitud y excelente tono con que se proporciona. El engaño se produce cuando la información del «hoy» se acompaña de la predicción del «mañana». Cuando decían a los ingleses que la empresa recibiría una exclusiva comercial no había falsedad, pero sí una exageración manifiesta o un optimismo infundado sobre los resultados de ésta. En muchas malas inversiones o compras, se han infundido expectativas excesivas al comprador: cuando los agentes financieros recomendaban a sus clientes comprar acciones de empresas *puntocom* seguramente lo hacían convencidos de que iban a ser el futuro. Los planes de negocio de las *puntocom* establecían unas proyecciones formidables de beneficios: el papel lo aguantaba todo; cuando los bancos españoles financiaban el 120% de una vivienda confiaban en que su precio seguiría subiendo.

¿Engaña quien predice un futuro que después no se produce? Pues en parte no y en parte sí. En parte no porque todo el mundo sabe que nadie hasta el momento ha encontrado la bola de cristal; creerse las predicciones de otro es más culpa de quien las escucha que de quien las hace. Y en parte sí porque como nadie puede predecir el futuro sin riesgo a equivocarse, quien así procede está obligado a aclarar la probabilidad de que sus estimaciones sean erróneas o, por lo menos, hacer partícipe al otro de los razonamientos o fundamentos en los cuales se basa.

Lamentablemente, estos razonamientos o fundamentos no existen. La predicción de revalorizaciones de activos durante una burbuja especulativa está basada en un argumento tan irracional que nadie se atreve a aceptarlo y menos todavía a verbalizarlo, y que es el siguiente: «Esta inversión irá a más porque es lo que piensa todo el mundo».

En efecto, lo que piensa todo el mundo, que podríamos bautizar como «la dirección hacia la que camina el rebaño», es en realidad, aunque nunca se vaya a reconocer, la base sobre la cual, durante las burbujas, los intermediarios y vendedores auguran la evolución de los precios de lo que venden. «La Compañía de los Mares del Sur va a ganar mucho dinero con sus importaciones porque todo el mundo está de acuerdo en ello» era el único argumento creíble en su momento. De haberse consultado las ventas y viajes previstos la opinión habría sido radicalmente opuesta.

El ser humano es profundamente gregario. Aislarse del grupo produce inseguridad y miedo. La gente prefiere llorar acompañada que reír a solas. Quienes se meten y operan en mercados especulativos, sea para especular o no, creen (o quieren creer) que el rebaño lo dirige un sabio pastor. He aquí una verdad que produce vértigo: los fenómenos sociales o los movimientos de las masas, especialmente en asuntos económicos, equivalen a los desplazamientos de un rebaño a la deriva. El pastor no es sabio ni necio ni inteligente ni tonto. Sencillamente, no hay pastor. ¿Ha visto alguna vez a un rebaño desplazarse por las cumbres sin guía alguno? Avanzan por inercia ignorantes de si se dirigen a una verde y plácida pradera o a un abismo por el que se van a despeñar en grupo. Las ovejas que van en el centro son las que se sienten más seguras y protegidas. Sobre todo porque sus semejantes les impiden ver si a pocos metros hay un precipicio. Poco les importa. Van con todas, así que no hay nada que temer. Igualmente, las colonias de pingüinos se desplazan sobre los témpanos de hielo como los ciudadanos nos movemos por los concurridos pasillos del metro en hora punta. A veces los pingüinos se acercan al borde del iceberg y, empujados por los que vienen detrás, saltan al agua congelada. Los de las filas posteriores no tienen ni idea de que les va a tocar zambullirse en el mar, tal vez ni les apetezca.

Pero no se lo plantean. Son parte de la manada de la colonia, y punto. Sencillamente, siguen a los de delante hasta que de pronto ven que no hay más suelo donde pisar.

La rigurosa verdad de las predicciones económicas es que están basadas en corrientes generalizadas de opinión que no tienen por qué ser acertadas, y que la mayoría de las veces no lo son. En muchas situaciones de riesgo o emergencia, los grupos son más ineficientes que el individuo en solitario. Se dice que el tiempo de reacción en llegar al lugar de un accidente es mayor cuando hay varias personas observando que cuando hay una sola.

Las predicciones basadas en la opinión de la mayoría tienen una única ventaja: el conocido fenómeno de la profecía que se autocumple. Cuando todo el mundo opina que los pisos van a subir, la gente los compra y eso hace subir los precios. La conclusión que entonces se extrae es que la predicción tenía una base económica real, cuando en realidad se ha cumplido por haberse extendido una creencia económicamente injustificable entre un número suficientemente grande de personas irracionales. La profecía que se autocumple cuando no hay fundamentos para que así sea tiene una duración limitada. «Esto subirá porque todos lo creen» será cierto, pero sólo durante un tiempo: aviso para navegantes.

En resumen, que quienes creen los augurios de aumentos que les llevan a pagar precios absurdos son engañados y se dejan engañar.

Pero ¿y cuando la información que nos dan está tergiversada?

¿Hubo engaño por parte de las agencias de *rating* estadounidenses que evaluaron como inversión Triple A (máxima garantía y mínimo riesgo) la titulización de unas hipotecas concedidas a personas de dudosa solvencia? Si se pregunta a quienes compraron esos fondos, y me refiero a los bancos que los recomendaron a sus clientes, dirán que sí, que los engañaron. Si se pregunta a las agencias que evaluaron estos fondos como seguros, responderán que actuaron de acuerdo con los parámetros del mercado de trabajo y sector inmobiliario del momento. Aducirán que si no hubiese pinchado la burbuja inmobiliaria y no se hubiese producido un aumento generalizado del paro con el consiguiente impago de hipotecas, esos fondos estarían ahora dando la rentabilidad asegurada y su valor sería todavía igual (o superior) al de los inmuebles que actuaban como garantía de la inversión.

Por tanto, lo que hoy juzgamos como engaño o manipulación pudo ser el resultado de una interesada connivencia, deseada visión a corto plazo y ceguera voluntaria, provocada por el beneficio inmediato. No sólo el comprador, también los intermediarios y las agencias de evaluación están inmersos en un entorno de excesiva confianza y prosperidad engañosamente eterna. Todos los agentes de la cadena desbordan una irracional tranquilidad. El error fue la proyección hacia el futuro de un presente excepcionalmente bueno. De nuevo, el engaño no está en el objeto, sino en las expectativas depositadas sobre ese objeto.[48]

La conclusión es que no hay que dejarse llevar por las opiniones más extendidas, y menos todavía por las predicciones en exceso positivas. El que mucha gente piense algo no lo convierte en cierto. No se fíe de los expertos, gurús y doctos articulistas de la prensa especializada que comulgan con la opinión general. Ir-

48. Sobre este extremo puede haber desacuerdo. Hay voces que aseguran que se sabía perfectamente que los fondos que contenían hipotecas *subprime* eran de dudoso cobro, y que hubo un engaño. Sin embargo no estábamos ante una pequeña partida de obligaciones. Se emitieron 6 billones de dólares en productos financieros de estas características. Seis billones de dólares no pasan desapercibidos.

ving Fisher, un gran economista y catedrático universitario, escribió pocas semanas antes del crac del 29 que el nivel de la bolsa respondía al de las perspectivas económicas de las empresas.[49]

Pensemos además que sumarse a la opinión colectiva es para el experto o el dirigente un escudo fenomenal a la hora de eludir responsabilidades. ¿Cuál es la frase más típica cuando se produce un crac? Ésta: «Nadie podía prever que pasaría algo así». Y como nadie lo previó, los responsables de controlar los excesos de los sectores económico y financiero quedan indemnes. Tal garantía de indemnidad no hace sino reforzar la postura de que unirse a la creencia general, sea cual sea ésta, resulta profundamente provechoso.

Desconfíe de la creencia generalizada. No porque tenga muchos adeptos, sino porque las masas no piensan, sólo siguen la dirección del rebaño. Las creencias generales suelen ser, si no falsas, defectuosas o, cuando menos, exentas de matices. A la hora de comprar o decidir qué hacer con sus ahorros, piense por sí solo. Reúna información, pregunte, escuche a gente diversa, también a los vendedores, pero no se deje contagiar por su optimismo. De todo lo que le digan, tome sólo los hechos probados como ciertos y a la hora de hacer extrapolaciones y proyecciones, no utilice únicamente el presente, sino referencias históricas para construir varios escenarios. Tanto optimistas como realistas, pero también el de los médicos, el *worst case scenario.* Si el precio que le piden no resiste ese *worst case scenario,* piénseselo dos veces.

Dicen los abogados que más vale un mal acuerdo que un buen juicio. Lo mismo se aplica en asuntos de dinero: más vale dejar pasar una buena compra que realizar una mala.

---

49. Galbraith, John K., *El crac del 29, op. cit.*

Volvamos al asunto del engaño.

Además de personas que engañan y otras que se dejan engañar, están las que parecen ir al banco a que las engañen: «Hola, vengo a que me engañen», llegan casi a decir. Como escribió Galbraith: «El nuestro es un mundo habitado, no por gentes que necesitan la persuasión para creer, sino por personas que piden una excusa cualquiera para creer».

Cuando todo va bien, el entorno es próspero, reina la tranquilidad y hay dinero de sobra, a nadie le interesan las malas noticias, los riesgos a los que está sometiendo sus planes de pensiones o las posibilidades de que las cosas se vayan a torcer. No. En épocas de bonanza la gente quiere vivir pensando en que todo va a seguir indefinidamente bien y, más importante todavía, quiere sumarse a la efervescencia. Y no es que yo esté en contra de las épocas prósperas. ¡Todo lo contrario! Pero de lo que estamos hablando aquí es de una prosperidad ficticia, de una riqueza derivada de una generación de papel moneda no necesariamente vinculada a la creación de riqueza real. Muchos que se quejan ahora de ver sus ahorros evaporarse hicieron caso omiso de las advertencias de sobrevaloración que entonces se pudiesen oír: no querían oír hablar de riesgos «inexistentes», sino de rentabilidades «ineludibles». Bajo ningún concepto se podían dejar escapar. Eso se llama presunción. Así que tan culpable es el banco americano que vende un activo contaminado a un banco extranjero, como el banco extranjero que no dedica algo de tiempo a comprobar la naturaleza de los activos que hay en el paquete que ha recibido del banco americano y va a distribuir entre sus clientes. Que nadie se engañe, esa información estuvo ahí desde el principio. Las hipotecas *subprime* empaquetadas en fondos de inversión venían vendiéndose desde hace años. No ha sido algo que haya ocurrido de repente. Pero como entonces las cosas iban bien y no faltaba dinero, los bancos no dedicaban recursos ni tiempo a evaluar de forma concienzuda la letra pequeña de los productos financieros que adquirían y encasquetaban a sus clientes.

Y también tiene una cuota de responsabilidad el depositante que invertía en tal activo. ¿No es también responsable de su credulidad aquel a quien ofrecen un producto financiero «sin riesgo» que da cuatro puntos más de rentabilidad que la renta fija de un estado europeo? Desde pequeño me fascinaron las fábulas de Esopo y La Fontaine donde unos animales tientan a otros ofreciéndoles golosinas o promesas de difícil cumplimiento. Las fábulas procuran que los niños aprendan desde chicos a desconfiar de quienes ofrecen beneficios fáciles y rápidos. A los treinta años ya nadie se acuerda de estos cuentos porque eran infantiles. Y nos creemos a pies juntillas la seductora recompensa del zorro disfrazado de agente cambiario o promotor inmobiliario. Quien es engañado para meterse en una «inversión formidable» que resulta un «pufo extraordinario» no está exento de una cuota de responsabilidad.

¿Por qué olvidamos con tanta facilidad que nadie en este mundo regala nada? Los ingleses que canjearon sus obligaciones por acciones en el siglo XVIII fueron engañados, pero también se dejaron engañar. Como todo el mundo quería acciones de la Compañía de los Mares del Sur, a nadie le importaban sus balances ni cuentas de pérdidas y ganancias. La acción subía tanto, que los tenedores de obligaciones renunciaban al reembolso de su dinero sin dudar.

He aquí una máxima irrefutable: cuando algo sube un poco, la gente hace preguntas y luego compra. Pero cuando algo sube mucho, la gente compra sin preguntar.

Cuando Terra estaba a 150 euros la acción, su capitalización bursátil superaba la de muchos e importantes bancos españoles. En aquel momento Terra apenas facturaba y perdía dinero a espuertas. Esta información era pública, actualizada y transparente. Pero de nada servía conocerla. Cuando le exponías a alguien la realidad económica de la empresa en la cual iba a invertir sus ahorros, te tachaba de desinformado y aguafiestas.

Para las personas que contraen el síndrome del Necio sólo existen los términos *rentabilidad* o *beneficio* (véase próximo epígrafe, «envidia y gula»). La palabra *riesgo,* por el contrario, no existe. Es cosa del pasado, de tiempos donde las finanzas no eran tan sofisticadas como ahora, de épocas remotas donde no existían los modernos mecanismos de control actuales. ¡En absoluto! El control no sirve de nada. Los controladores, como explicaré en el capítulo 8, son siervos del promotor de la fiesta.

Olvidamos que el riesgo es inherente a la actividad productiva, a la economía y a las finanzas. El riesgo es parte de la vida, en general. Creer que no hay riesgo es una insensatez. Lo que varía es el riesgo percibido, pero el riesgo real nunca desaparece.

Algo parecido ha pasado con el inmobiliario en España. Distingamos entre inversores y compradores de vivienda principal, un techo bajo el cual vivir. El caso de quien invierte en pisos es distinto del que compra para su necesidad, pues en este último hay mucha gente desinformada, o de un nivel cultural o educativo que facilita mucho el engaño, personas para quienes el director de la oficina bancaria es casi un dios, un experto en quien confían plenamente y cuyas recomendaciones tienen un peso considerable. Es cierto. Sería injusto y mezquino tachar a estos compradores (no son inversores) de necios o de haberse autoengañado.

Sin embargo, en general se intuía que comprábamos nuestra vivienda a un precio excesivo. ¿Por qué lo hicimos? Eran muchas las personas asustadas y preocupadas por que los crecientes precios los expulsasen fuera del mercado de la vivienda. ¿Por qué no se recomendaba alquilar durante dos o tres años y esperar a que el mercado, que se había vuelto loco, volviera a un nivel de normalidad? ¡No pasa nada por alquilar un tiempo! Ah, sí, alquilar es tirar el dinero, decían. Bueno, si puedes comprar un piso por la mitad de su precio al cabo de tres años, ese alquiler es un gran negocio, ¿no?

¿Sabían o podían saber que la vivienda estaba en una espiral absurda? Bien, en los diarios se hablaba ya de la burbuja inmobiliaria, pero al ser un mercado tan importante para la economía y el empleo, los grupos de presión conseguían difundir noticias contradictorias que hacían dudar a muchos. Sí, los precios son una aberración, pero continúan subiendo, afirmaban quienes claudicaban y firmaban su hipoteca. Las agencias de tasación informaban de incrementos de precio del metro cuadrado de doble dígito, e incluso cuando las ventas se ralentizaron estos aumentos eran todavía muy superiores a la inflación y al aumento salarial de los convenios. Todo ello redundó en una ficticia «cultura de la propiedad». La cultura de la propiedad quedaría reducida a polvo si los precios de los pisos se depreciasen al mismo ritmo que se apreciaron. Entonces veríamos el alquiler con otros ojos, como es el caso de Alemania. En España, años atrás, mucha gente vivió de alquiler toda su vida, y nada les pasó. De acuerdo, eran otros tiempos, el alquiler estaba subvencionado y los contratos se firmaban por muchos más años. Pero lo que quiero significar es que la llamada «cultura de la propiedad» es en realidad algo que se ha sostenido por la imparable subida de los precios y no por una verdadera herencia cultural de nuestra sociedad.

Lo inaceptable es que las ventas se derrumbaron (caídas generalizadas de las ventas en toda la Península de entre el 20% y el

50%) y todavía se leían noticias en prensa que afirmaban que el precio bajaba ligeramente o se mantenía.[50] No era creíble.

A pesar de que el inmobiliario es un mercado opaco y poco transparente, durante la burbuja había información suficiente para saber que en aquel momento se compraba caro. Recuerdo que en enero de 2005 publiqué un artículo en el diario *El País* donde objetivamente demostraba que los pisos estaban sobrevalorados. Me masacraron en Internet y recibí un aluvión de críticas que me descalificaban sólo en lo personal, pero nadie, que yo sepa, logró demostrar lo contrario, pues mi argumentación era tan irrefutable como cierta desde un punto de vista histórico.

El problema para los cientos de miles de personas que compraron su piso en plena burbuja era, además, que el banco les proporcionaba el dinero, lo que para mucha gente era un síntoma de que hacía algo coherente. «¡Si el piso no valiera lo que pago, el banco no me dejaría el dinero!», pensaban muchos. El tiempo ha demostrado que también los bancos estaban equivocados. Asumieron un riesgo excesivo que ahora les está obligando a ampliaciones de capital y dotaciones extraordinarias de reservas, pues las garantías de los créditos que otorgaron pierden valor cada mes. No era sensato otorgar hipotecas por el 120% del valor de un inmueble, esgrimiendo que una familia podía pagar la cuota mensual cuando ésta se calculaba con un tipo de interés históricamente bajo, y a 40 o 50 años vista. Utilizar el pasivo (dinero de los depósitos bancarios) para otorgar créditos así fue una irresponsabilidad como la copa de un pino. Ahora bien, cuando escribíamos esto en plena burbuja nos tachaban de agoreros y pesimistas.

50. Hasta finales de 2008 e inicios de 2009, no se han empezado a reconocer bajadas significativas y generalizadas en todo el territorio español.

Eso es también algo frecuente. Quienes denuncian públicamente las espirales especulativas sobran, los hacen callar porque molestan y, sobre todo, porque «no entienden nada». Sus argumentos son apartados de manera paulatina por los poderes fácticos y las fuerzas interesadas en alimentar la expansión crediticia. Su espacio para la denuncia es cada vez más exiguo, y se otorga menos credibilidad y fundamento a sus tesis, dejando vía libre al engaño generalizado. Además, las burbujas tienen una doble peculiaridad: duran más de lo previsto y suben más alto de lo esperado, extremos estos que sirven para calificar de erróneos los diagnósticos de burbuja especulativa durante su fase ascendente. Por ejemplo, si uno escribía en el 2004 que el precio de la vivienda estaba por encima de su valor, en el 2007 se le podía acusar de ignorante porque el precio subió durante tres años más. Éste es el típico argumento de los participantes en la burbuja, pues el que un bien aumente su precio cuando ya está sobrevalorado no significa que antes no lo estuviese, sino que ahora lo está más todavía. El tiempo pone a todo el mundo en su sitio y los pinchazos de las burbujas ponen a todos los activos en el suyo.

Esta duración inusitada de las burbujas contribuye a disminuir el número de noticias, comentarios o artículos que las denuncian. Ante la evidencia de que el precio sube más de lo que auguró, el economista débil de carácter y poco seguro de sus criterios acaba por pasarse al bando contrario. Con tal de no rectificar abiertamente, concluye que la sociedad ha alcanzado un nuevo paradigma donde los criterios de antaño pueden haber quedado caducos, cosa que le permite un «donde dije digo, digo Diego» sin que se le vea el plumero. El segundo motivo que minimiza las voces contra las burbujas resulta de las amenazas, insultos y desdén que reciben sus denunciantes. Llega un momento en que es mejor callarse y esperar a que el tiempo otorgue la razón. Uno se puede sentir obligado a advertir a los demás, pero no a convencerlos. Y si por advertir es calificado de aguafiestas, es mejor callar.

Con todo ello, el terreno queda despejado para los animadores de la gran bacanal monetaria. En este caso, inmobiliaria. Y aquí toca hablar de quienes, ahora sí, invirtieron en el inmobiliario como modo de hacer negocio durante la burbuja. Éstos se equivocaron claramente, fueron los protagonistas de un engaño consentido o un autoengaño. Como resumen de todo lo anterior: este autoengaño ocurrió debido al exceso de confianza, a la abundancia monetaria, a la supuesta prosperidad perenne y a la firme unanimidad del rebaño sin pastor.

SÍNTOMAS 3 Y 4: envidia del beneficio ajeno y gula de dinero

Agrupo los síntomas de envida y gula por su intrínseca relación: envidia quien tiene gula, y viceversa. Ambas van de la mano para situar a nuestros inversores confiados y crédulos en el siguiente estadio: desear las ganancias que sus congéneres obtienen o dicen obtener.

El síndrome del Necio se manifiesta en una ojeriza de carácter enfermizo. Durante las burbujas sobran los narradores de éxitos. A todo el mundo le encanta explicar sus aciertos, pero trata de esconder sus errores. Si hubiésemos de medir el saldo de las operaciones bursátiles en función del número de comentarios y crónicas de la gente, la bolsa sería un lugar donde sólo se gana dinero. Explicar una operación sujeta a ganancia hace que nos sintamos inteligentes, y nos sirve para hacer sentir estúpido al otro: yo he hecho esta venta, y tú no. Yo soy listo y tú eres tonto.

Recientemente, en un foro sobre emprendedores, un ponente extranjero explicó los resultados de un interesante estudio. Tomaron dos grupos de personas: gente que había emprendido un negocio y gente que, hasta la fecha, no lo había hecho. Los investigadores intuían la existencia de algunos rasgos que distinguían a los emprendedores, tales como inclinación al riesgo, edad, experiencia o similares. Tomaron cientos de datos personales de todos los individuos de la muestra y tras compararlos, resultó que una de las variables más discriminantes era el «sueldo del cuñado». Es decir, cuando uno ganaba menos que su cuñado, hacía lo que fuese para ganar más que él, y emprendía entonces un negocio propio. No pasa nada, es un motivo tan legítimo como otro cualquiera. Lo expongo para probar el gran peso que tiene el beneficio ajeno en el sentir propio.

Lo mismo se aplica cuando oímos en el bar que fulanito se está forrando en el inmobiliario o que menganito ha ganado 100 000 euros en bolsa este año. Si nuestro sueldo es de 30 000 euros al año y el «inútil» que tenemos delante gana 100 000 comprando y vendiendo acciones, nos invade una envidia capaz de quitarnos el sueño. El ser humano es competitivo por naturaleza, y en parte gracias a ello ha llegado tan lejos como especie. Pero una cosa es ser competitivo y otra, envidioso.

La envidia de ver a otros ganar más que nosotros y la gula de no tener bastante con unos ingresos suficientes conducen a meterse en burbujas. En la primera parte del libro he referido varios momentos en los cuales se hizo evidente que un elevado número de personas abandonaba sus actividades productivas habituales para lanzarse a comprar y vender aquello que subía como la espuma.

En estos momentos hay muchos españoles atrapados en inversiones y promociones inmobiliarias que no reciben visitas de compradores. Eran nuevos promotores surgidos de la nada que no pertenecían al sector de la construcción. Cayeron en la trampa, atraídos por los beneficios anteriores de otros noveles inmobiliarios que parecían inteligentes y que, sencillamente, actuaron cuando la espiral ascendente les era favorable.

Durante las épocas de fácil acceso al dinero, muchos no le otorgan el valor que tiene. Pedro Solbes hizo una apreciación, cuando la crisis era ya inminente: dijo que la gente no medía lo que dejaba de propina, que veía dejar 50 céntimos con la propina del café como si nada. Su observación tenía más calado del que a primera vista parece. Cuando la economía va como un tiro, se tiende más a despilfarrar. Una de las cosas que más rápido ha cambiado desde otoño de 2008 es que, de pronto, las monedas y los billetes de 5 euros se han apreciado. Al restringirse el acceso al dinero, el billete y la moneda, antaño abundantes, se convierten en escasos. Vemos con ojos distintos el mismo dinero.

Pero durante las fases de expansión monetaria, como he explicado, es todo lo contrario. Claro, como somos celosos del beneficio ajeno y nuestra codicia es insaciable, entonces el ahorrador coloca su dinero ahí donde más suben los precios: en los activos en espiral especulativa.

Cuando deseamos algo, nos dejamos la piel por obtenerlo, nos esmeramos, esforzamos y arriesgamos por ello. El ser humano es en este sentido infatigable. Pero nuestra capacidad de esfuerzo es tan fabulosa como nuestra capacidad de olvido. Tendemos a no valorar lo que tenemos: eso pasa con los bienes materiales, con las relaciones, con los trabajos, con los amigos. Y con el ahorro. En épocas de euforia monetaria, olvidamos lo difícil que fue apartar aquel dinero, y con una asombrosa falta de cautela, se invierte sin una adecuada medición de los riesgos.

Otro factor que anima a la gente a colocar sus ahorros en dudosas inversiones es que durante las fiebres especulativas se instaura una sensación de empobrecimiento en caso de no sumarse a los mercados más efervescentes. Si no invierto en pisos, me quedo atrás. Si no invierto en bolsa, gano lo poco que me da el banco, etcétera. ¿Qué hay detrás de esta sensación de quedarse atrás? En el fondo, un no querer ser menos que el otro, un miedo al empobrecimiento que resulta del enriquecimiento ajeno y que, por ende, no es pobreza sino diferencia.

Las políticas de bajos tipos de interés han contribuido a fomentar esta sensación. Cuando el interés es inferior al aumento del nivel de vida, se machaca al pequeño ahorrador. Cuando el dinero en el banco o en renta fija daba un 1%, la inflación era del 3%, y los bancos prestaban dinero al 3% para que nuestros vecinos y colegas del bar ganasen un 14% en bolsa o con pisos, el mensaje era claro para ese ahorrador cauteloso. Implícitamente se le estaba diciendo: «Mueve tus ahorros, sácalos de donde los tienes y mételos donde hay verdadera rentabilidad: ¡especula o empobrecerás!». De no hacerlo, piensa el ahorrador, su dinero va a quedarse en nada en breve. Muchas personas han actuado estos años contra su propia voluntad y criterio, movidos por el miedo a estar perdiendo comba, a quedarse atrás. Y se metieron en la burbuja. En este sentido, me quedaría con aquella frase de que la mejor inversión es el trabajo bien hecho. La ambición es sana, pero la ambición desmedida es patológica.

Respecto a la envidia, más allá de la aproximación religiosa que la considera pecado capital, yo diría que la del inversor no tiene en realidad fundamento. En la introducción de este libro hablaba de la época en que los taxistas llevaban sintonizadas emisoras de economía y recomendaban los valores en los cuales invertir. También he explicado que la gente explica las operaciones con beneficio y se calla las operaciones con pérdidas. Pues bien, envidiar a las personas que sólo explican sus éxitos es envidiar al Dr. Jekyll por su fabulosa biblioteca, ignorando que por las noches ése es el lugar donde sufre y se transforma en Mr. Hyde.

Siempre se ha dicho que la persona más rica no es la que más tiene, sino la que menos necesita. Yo añadiría que no envidiar nada cuando se tiene lo que se necesita es incluso una obligación moral.

La envidia del beneficio ajeno y la gula son dos de los más claros síntomas del síndrome del Necio.

SÍNTOMA 5: lógica irracional

Llega ahora un rasgo inconfundible: la lógica irracional de los que en este punto ya han metido sus ahorros de lleno en la burbuja.

Hay un fenómeno clásico en psicología llamado disonancia cognitiva. Consiste en que el ser humano, tras constatar que ha cometido un error o puede haberlo cometido, selecciona la información que minimiza esta posibilidad e incluso la niega. Si una persona compra un coche y no le da el resultado que esperaba, antes que aceptar algo tan doloroso (ya sabemos que los coches se deprecian notablemente en cuanto salen del concesionario), procurará justificarse a sí mismo o tergiversará su propia percepción de los problemas observados. Si la potencia es menor de lo que esperaba, dirá que el coche todavía es demasiado nuevo y al motor le falta rodar un poco. Si el interior no resulta confortable, esgrimirá que no se ha acostumbrado todavía a la tapicería o que la incomodidad del asiento se debe a la deportividad del diseño. Y así sucesivamente. A este proceso se lo denomina reducción del desajuste entre la realidad y la expectativa.

Sucede algo muy parecido con los ahorradores que invierten su dinero donde no debían o con las personas que compran un activo que está demasiado caro. Desarrollarán unos razonamientos que se encuentran fuera de toda lógica económica.

Estos razonamientos van a anclarse en un curioso fenómeno que llamaré «subida inicial y razonable». En realidad, la lógica del especulador tiene en sus inicios una base racional, pero poco a poco se convierte en irracional. Y es que todo aumento desbocado de precio ha pasado primero por un aumento paulatino. Tanto los tulipanes como las acciones de la Compañía de los Mares del Sur, los inmuebles japoneses, las empresas de Internet, la Bolsa de Nueva York o los pisos en España y Estados Unidos tuvieron en algún momento un precio más que asequible. Después, estos precios subieron debido a un motivo plenamente justificado, con lo que se podía hablar de una «subida inicial y razonable»: los tulipanes contagiados por el virus de mosaico eran más bellos y escasos, y por eso sus bulbos aumentaron de precio. Las acciones de la Compañía de los Mares del Sur recibieron un 6% de renta perpetua, lo cual las encarecía. En 1929, la evolución de la economía, del índice de producción industrial y los beneficios empresariales justificaban un aumento del precio de las acciones, y así sucesivamente.

Recordemos que estamos en un entorno de dinero abundante y fácil acceso al crédito. La descomunal masa de dinero que se irriga en una sociedad antes de una burbuja se va a percatar de este pequeño aumento «inicial y razonable». Ese dinero anda desesperado en busca de algo cuyo precio esté aumentando, así que se dirige a toda prisa hacia activos o bienes donde se sienta seguro, donde se considere refugiado. El motivo de esta búsqueda febril resulta simple: el dinero es como las rocas, se erosiona. En sí, no es productivo; lo productivo es el trabajo. Los billetes y monedas pueden financiar actividades, pero por sí mismas no producen nada. Es sencillamente un papel o un pedazo de cobre con una capacidad de compra que se erosiona con el tiempo. Cuando hace mucho viento las rocas se erosionan más de prisa. Pues cuando afluye mucho dinero, éste también pierde valor más deprisa y por eso busca con mayor desesperación en qué activos refugiarse.

Por ese motivo, durante las épocas de fuerte expansión monetaria, el dinero se refugia en activos que hayan experimentado un auge de precios y donde, sobre todo, haya puestas unas expectativas generalizadas de ulteriores aumentos.

Fijémonos en que esto es exacta y precisamente lo que sucedió en cada una de las burbujas tratadas en la primera parte del ensayo. Los créditos de los mercaderes y orfebres holandeses se refugiaron en los tulipanes. La enorme cantidad de gasto público inglés se canjeó en último lugar por acciones de una empresa relacionada con el Nuevo Mundo, de donde se esperaban tantas y tan grandes oportunidades. La fortísima expansión monetaria de los años veinte buscó refugio en los valores de la Bolsa de Nueva York, donde se cotizaban las acciones de empresas que estaban obteniendo beneficios probados. El superávit de las exportaciones de Japón se atrincheró en el inmobiliario, dadas las restricciones de suelo en un país de una extensión justa para su numerosa población. El dinero de los fondos de capital riesgo fue a parar al maravilloso mundo de Internet, que estaba revolucionando el modo en que la gente se comunicaba y relacionaba con la información. Y la expansión crediticia de este último decenio buscó su refugio en el sector inmobiliario, tanto de España como de Estados Unidos, Irlanda, Reino Unido y otros países.

Podría afirmarse que la burbuja arranca cuando confluyen en un entorno próspero estos tres factores:

1. Dinero abundante.
2. Objeto de deseo en incipiente revalorización.
3. Codicia desenfrenada.

El objeto de deseo tiene a menudo que ver con la mágica palabra: *nuevo*. La Compañía de los Mares del Sur suponía el acceso al Nuevo Mundo; en los años veinte, a medida que Estados Unidos iba erigiéndose en una potencia se habló de un Nuevo Orden Mundial; en la burbuja de Internet, de la Nueva Economía; el arco mediterráneo español tenía que ser la Nueva Florida de Europa. ¡Desconfíe de lo que lleve el adjetivo *nuevo*. ¡No suele ser más que la misma mona vestida con una seda distinta.

Si no es el adjetivo *nuevo,* el objeto de deseo se barnizará mediante algún original nominativo. El romanticismo impregna los mercados financieros cuando se trata de buscar nombres: vimos las denominaciones de los tulipanes (Almirante de Almirantes, General de Generales...); lo mismo con la denominación de «Mares del Sur», símbolo de esperanza y fabuloso porvenir; los nombres de las empresas de Wall Street y los *trusts* del 29 eran también extraordinariamente atractivos: Shenandoah Corporation, National Republic Investment Trust, Tri-Continental Allied Corporation (la lista sería interminable); las empresas *puntocom* no se quedaban cortas: Patagon, America On Line, Amazon, etcétera.

La sofisticación en tiempos de exuberancia es fundamental y ésta debe aplicarse también a los nombres de los activos con los que se especula.

Y así, gracias a los factores vistos hasta ahora, de pequeño en pequeño aumento, el precio del bien sube. Al principio de modo paulatino, y luego con algún imprevisible salto. En un momento clave, el precio del bien se divorcia de su media histórica. Se forma un *gap* o diferencia absurda que, paradójicamente, en lugar de desanimar a los compradores... ¡atrae a más! Poco a poco, se olvidan las causas de aquella «subida inicial y razonable», pues no sirven para explicar el nivel al que los precios han llegado. En este punto, la lógica racional se transforma en lógica irracional: el aumento plausible del precio, sumado al adjetivo *nuevo* o a una brillante denominación, atrae el dinero abundante de los inversores engañados (o autoengañados) que nadaban en la opulencia. Los aumentos se convierten en vertiginosas zancadas, perdido ya todo contacto con la realidad. El objeto de deseo lo es porque todo el mundo lo quiere.

Por eso, en realidad, la naturaleza del bien en torno al cual se forme la burbuja es bastante anecdótica, lo importante es que la gente desee ese bien. Conozco el caso de una persona que adquirió unos terrenos en el centro de una población española al precio de 9 millones de euros. Fue unos meses antes del pinchazo de la burbuja inmobiliaria. Actualmente no podría vender estos terrenos ni por 6 millones. Perdió 3 millones en pocos meses. La persona en cuestión dijo: «Yo sabía perfectamente que el terreno no valía eso, pero es que había mucha gente que lo quería».

Ése es el verdadero motor de la burbuja en su fase más irracional: el que todo el mundo lo quiere. Eso es lo que hace subir los precios de forma continuada y por encima de lo que sus rendimientos intrínsecos arrojan como precio aceptable. El factor común de los contagiados por el síndrome del Necio es un olvido del motivo inicial que hizo subir el precio, lo que significa que el único motivo de que suba mañana es que subió hoy, o que el motivo de que haya subido hoy es que subió ayer. En amor se dice «Hoy te quiero más que ayer pero menos que mañana», así que la única lógica racional de que algo suba mañana porque ha subido hoy debería sólo aplicarse al amor, que es lo único infinito de este mundo. Bueno, además del amor también es infinita la estupidez humana, como decía Einstein.

En este punto no podemos ya hablar de pérdida de contacto con la realidad, sino de un surrealismo puro. Las revalorizaciones previstas para el futuro van a fundamentarse únicamente en la irracionalidad de las masas, en la errática dirección del rebaño hacia el precipicio, en una euforia sin sentido. Pero los especuladores sin conciencia de serlo no lo ven de este modo, no se dan cuenta de que el activo donde invierten sus ahorros sólo sube gracias a que subió, y que no hay en realidad un fundamento económico real, más allá de una demanda desaforada y una expectativa de que hay más pingüinos a la cola.

Algo que demuestra el olvido de las causas que provocaron el despegue inicial de precios es que si se intentan justificar precios alcanzados durante la fase especulativa a partir de esas mismas causas iniciales, cualquier lógica económica se tambalea. Tomemos como ejemplo el caso de los tulipanes, pues es claramente ilustrativo. Quienes comerciaban con bulbos, lo hacían fuera de la temporada de venta de flores. La justificación de que en un inicio los bulbos subiesen fue que los aristócratas holandeses estaban dispuestos a pagar más por los tulipanes. Ello hizo posible que un bulbo pasara de 20 a 30 florines. O a 40 florines. O a 50 florines, si me apuran. Pero nunca a 200. ¡Todas las ventas de bulbos por encima de 100 florines se hicieron sin que un solo cliente pagase ese precio por el tulipán para tenerlo en casa! Sólo desembolsaban tal cuantía quienes tenían intención de revender los bulbos. Nadie más.

Lo mismo sucedió en la Compañía de los Mares del Sur. ¿Por qué los tenedores de obligaciones las canjeaban por acciones? Básicamente porque el precio de la acción subía sin cesar. La verdadera intención del canje era la posterior reventa de la acción. Que el precio de ésta pasara de 100 a 300 libras podía sostenerse en función de la renta perpetua del 6% que el gobierno inglés fijó sobre las acciones o a una previsión de importaciones de la Compañía más o menos realista. Pero a partir de 400 libras, ni la mayor de las optimistas predicciones acerca del comercio con Sudamérica justificaba ese precio. Las acciones llegaron a 1000 libras porque todo el mundo las quería. Sólo por eso. Lo mismo que la Bolsa de Nueva York en 1929. Algunos *trusts* de inversión valorados en 1000 millones de dólares tenían en sus carteras acciones de compañías cuya valoración bursátil era de 500 millones, y encima esa valoración estaba asimismo en función de una bolsa en plena euforia. ¿Por qué la gente compraba las acciones de los *trusts* a tales precios? La respuesta es la misma: porque creían que el precio iba a subir más, no porque realmente lo valiesen. A decir verdad, esto ni siquiera les preocupaba.

Más sangrante es el caso de las empresas de Internet. Muchas de ellas no facturaban nada, sólo eran organizaciones con una idea digital y un plan de negocio. De acuerdo, eran portales originales con numerosas visitas, pero los internautas apenas compraban nada en ellos y en cualquier momento iban a sustituir ese portal por otro que se pusiera de moda. La mayoría de las empresas *puntocom* tenían visitantes, pero no clientes. Y más importante aún, ni siquiera podían garantizar que sus visitantes estuviesen suscritos, lo que habría servido para al menos justificar unos altos ingresos por publicidad. El mundo de Internet cambiaba muy rápido, y el portal que hoy arrasaba al cabo de unos meses era un solar en la World Wide Web. El nivel al que llegó el Nasdaq no tenía ni pies ni cabeza. Sin duda, la burbuja de las *puntocom* es el más claro exponente de cómo la gente compraba algo sólo por la expectativa de una posterior reventa, justificada por una sedienta masa de compradores ciegos de codicia. Linux salió a bolsa cuando facturaba 17 millones de dólares y perdía 14. En su primer día de cotización, la acción pasó de 30 a 239 dólares, alcanzando una capitalización (valor de la empresa de acuerdo con el precio de la acción) de 9000 millones de dólares (529 veces su facturación). El Santander, por ejemplo, pagó 95 000 millones de pesetas por el portal financiero Patagon. Teclee ahora www.patagon.com en Internet y automáticamente será redireccionado al portal de Open Bank del Banco de Santander. El nombre del portal se ha esfumado.

Pero incluso hay un modo de justificar todo eso. Durante las fases más irracionales de la burbuja, surgen magos de las matemáticas capaces de hacer la cuadratura del círculo. Con tal de demostrar que los precios responden a una demanda real y no especulativa, hacen las «cuentas del gran capitán».

En el caso de Internet, aparecían fabulosas previsiones de cómo el comercio llamado *off-line* (fuera de Internet) pasaría progresivamente a ser *on-line*. Se realizaban asombrosos cálculos donde, fuera cual fuera el sector de actividad (bolsos, ropa, calzado...), Internet daría un mordisco. Había estimaciones que apuntaban incluso a la desaparición rápida y progresiva de las tiendas físicas y los distribuidores. Según estas previsiones se conseguía argumentar, incluso en el punto álgido de la burbuja, que las empresas de Internet estaban infravaloradas. Al igual que con la Compañía de los Mares del Sur, la valoración de las empresas se fundamentó en una proyección de ventas y en una supuesta actividad de la que nadie tenía constancia. Apenas se adquirían bienes físicos de consumo a través de Internet en el 2000, pero todo el mundo aceptaba que así sería en breve. ¿Por qué? Porque, en caso contrario, el precio de las acciones de los portales no se aguantaba. Equivale a afirmar que mi coche va a llegar de aquí a Moscú con un solo depósito de combustible basándome en que no llevo dinero para gasolina.

Más ejemplos: cuando en España se construían más pisos que en Reino Unido, Alemania y Francia juntas, los números salían sin problema. Recuerdo artículos que justificaban la construcción de los cientos de miles de pisos que hoy están vacíos o a medio acabar. Sumando el *baby boom* de los sesenta, que se incorporaba al mercado de la vivienda, la inmigración, los jubilados alemanes e ingleses que vendrían a retirarse a España, y los extranjeros que comprarían segunda residencia se obtenía una cifra que cuadraba casi exactamente con el parque de viviendas en construcción que hoy no tienen comprador. Puede argumentarse que esta demanda existiría hoy de no haber sido por la crisis financiera internacional, pero es que quienes dicen esto no se dan cuenta de que esa crisis es producto de la misma espiral que movió a la construcción de esas viviendas. Su raciocinio equivale a decir que la bolsa habría seguido subiendo en 1930 si no llega a ser por el crac de 1929.

Cuando se pincha la burbuja, por lo general, las estimaciones de demanda se olvidan deprisa. Ya nadie se acuerda de que el *stock* de viviendas estaba plenamente justificado, ya nadie se acuerda de aquellas sumas. Cuando el petróleo estaba por encima de los 100 dólares el barril, los periódicos explicaban que la causa era la demanda de las economías asiáticas, básicamente China e India. En realidad, era otra burbuja. Al cabo de dos meses el petróleo estaba a menos de 50 dólares y las economías china e india seguían creciendo casi al mismo ritmo. ¿Por qué lo que vale en un caso para justificar un aumento de precios se olvida cuando el precio baja? En ciencia a esto se le llama fraude. No me extraña que a la economía se la conozca como la «ciencia lúgubre». El problema es que la economía no es una ciencia, sino, como reza la frase atribuida al economista inglés Alfred Marshall, «un vano intento de narrar psicología».

SÍNTOMA 6: confusión entre valor y precio

Llegamos así al principal mal del contagiado con el síndrome del Necio, la confusión de valor con precio. Este epígrafe está entre los más importantes del libro, pues su aplicación puede ayudarnos a saber cuándo adquirimos un activo por encima de un valor de referencia.

El cálculo del valor de las cosas fue uno de los primeros retos de los economistas, y constituyó durante mucho tiempo un área de debate a través de la teoría del valor.[51] La teoría del valor se olvidó de encontrar una medida objetiva del valor de las cosas, y decidió asimilar precio a valor; por tal motivo se la conoce como... ¡teoría subjetiva del valor! ¡Subjetiva! Lo de *subjetiva* se ha dejado de mencionar y ahora asimilamos precio a valor, sin más. Pues no, el precio es un valor subjetivo, que nadie lo olvide nunca más.

Hay un ejemplo profundamente revelador de esta subjetividad, que es el que se observa en Cataluña el día de Sant Jordi. Según

---

51. Según el diccionario de eumed.net (Universidad de Málaga), la palabra *valor* ha ido adquiriendo acepciones diferentes en la historia de la economía. Ya Aristóteles distinguía entre el valor de uso de un objeto, que es la utilidad o beneficio que proporciona, y el valor de cambio, que es la cantidad de otro bien, normalmente dinero, por la que puede intercambiarse. Algunos economistas han buscado una forma invariable de medir el valor. A Adam Smith le llamó poderosamente la atención que el agua tuviese un valor de uso enorme (sin ella no podemos vivir) y, en cambio, tuviese un precio tan bajo. En el otro extremo, el oro tiene un valor de uso bajo y es extremadamente caro. Los neoclásicos, por su parte, se centraron en el problema de la determinación del precio y no en el de los costes de los factores de producción, lo que desembocó en la llamada teoría del valor, «según la cual el valor de una mercancía es equivalente al precio de la misma y se define en los intercambios del mercado según la utilidad marginal que posea para quienes la demanden y la maximización de beneficios que produzca para quienes la ofrezcan». *Fuente:* http://www.eumed.net/cursecon/dic/V.htm#valor

la tradición popular, el 23 de abril el hombre regala una rosa a su pareja.[52] La entrega de la rosa se ha hecho extensiva también a las hijas, amigas o compañeras de trabajo. Se calcula que por Sant Jordi en Cataluña se entregan 6 millones de rosas en un solo día.[53] El caso es que el precio de las rosas oscila ese día entre los 2 y los 12 euros. Hay tres factores que explican este 600% de diferencia «intra-día». El primero es la calidad y tamaño de la flor; el segundo es la ubicación del puesto donde son vendidas: en los lugares más concurridos pueden costar el doble que alejándose tres calles (¡a veces basta con caminar 300 metros para pagar la mitad!). Pero hay un tercer factor muy peculiar en el que poca gente ha reparado, que es la hora del día. A medida que transcurren las horas, los vendedores tienen menos oportunidades de desembarazarse de las rosas pendientes de venta. Al día siguiente la rosa no tendrá apenas compradores, así que a medida que oscurece y se hace de noche, los precios van bajando, y es habitual que los vendedores salgan incluso de sus puestos y aborden a los viandantes sin rosa en ristre para decirles: «¡Esta rosa por un euro!». Este mismo vendedor, a primera hora de la mañana, esperaba sentado en su silla, no hacía esfuerzo por perseguir a ningún cliente y, además, cobraba 5 euros por la misma flor. Lo paradójico de todo esto es que las rosas que se regalan a las compañeras de trabajo acaban costando más que la de la esposa, pues las primeras se han de comprar por la mañana de camino a la oficina, y la segunda, con tal de que no se estropee, a última hora, de regreso a casa. Al final se gasta uno más en la rosa de la

52. El Día del Libro se hizo coincidir con el día de Sant Jordi, con lo que actualmente se regalan libros y rosas.

53. *El Mundo*, 22 de abril de 2008.

secretaria que en la de la mujer (en algunos casos esto quizá no sea paradójico).

Según la teoría subjetiva del valor, una rosa vale lo que cuesta. Su valor es su precio. Pero vemos que su precio varía ostensiblemente en función de unos pocos metros y unas pocas horas. Los que ponen en tela de juicio las burbujas afirman que un bien no puede considerarse sobrevalorado mientras haya gente que pague su precio. Las tautologías son siempre ciertas, pero sirven de poco. No voy a discutir que, si alguien paga 150 euros por una acción de Terra, no sea ése su precio, pero otra cosa distinta es que ese precio sea sostenible en el tiempo. Del mismo modo que el precio de una rosa baja el día de Sant Jordi a cada hora que pasa, los bienes objeto de burbujas están a unos precios insostenibles en el tiempo. Y como el ahorrador, comprador o inversor (a diferencia del especulador) no compra con la idea de revender a las 24 horas, debe utilizar algún criterio para determinar si está pagando un precio excesivo.

Un buen modo de saberlo es calcular el rendimiento intrínseco de un bien, es decir, considerar a los activos como una inversión productiva, y no especulativa. No va a considerar cuánto puede revalorizarse un bien: le trae sin cuidado que en un inmediato futuro alguien pague más por él. Eso es para los especuladores. En su lugar, el rendimiento intrínseco calcula el precio de un bien en función de su rentabilidad intrínseca, es decir, de los beneficios o rentas que genere por su propia actividad real.[54] Y punto.

---

54. La rentabilidad intrínseca sólo puede aplicarse a activos de rendimiento explícito, es decir, que puedan ser explotados, que puedan someterse a una actividad productiva. El oro, por ejemplo, es un bien en el cual se invierte sólo en función de su eventual revalorización. El 90% del ahorro mundial se ha dirigido hacia activos con rendimiento explícito.

¿Y cómo se calcula esa rentabilidad? Muy fácil: dividiendo la renta que produce cada año entre el precio actual.

En el caso de empresas, la renta corresponde a los beneficios y el precio, a la cotización de las acciones. Si por ejemplo una empresa gana 10 000 euros al año con sus actividades productivas y la venden por 50 000 euros, la rentabilidad es del 20% (10 000 dividido entre 50 000). Si la venden por 100 000 euros su rentabilidad es del 10% (10 000 sobre 100 000). Y si piden 200 000 euros, del 5% (10 000 sobre 200 000). La ventaja es que ahora podemos comparar esta rentabilidad con la de otras alternativas. Un 10% de rentabilidad puede ser mucho o poco en función de otros factores (si los bancos pagan un 20% por los depósitos, un 10% tal vez no sea tanto). Si hay otras inversiones cuyos réditos anuales son superiores (¡y su riesgo es aceptable!), puede optarse por ellas. Pero percatémonos de que por fin estamos decidiendo a partir de los rendimientos reales de esa empresa sin considerar lo que otros quieran pagar en un futuro por ella. Al decidir así no dependemos de las euforias y pánicos de los demás.

Hay sin embargo dos argumentos en contra de este criterio. El primero es que cuando calculamos la rentabilidad, lo hacemos según los beneficios del pasado. Pero tal vez en el futuro estos beneficios caigan. Calcular una rentabilidad futura es especular sobre un futuro que desconocemos. ¿No me estoy contradiciendo? Antes he afirmado que durante las burbujas el engaño se producía, sobre todo, en las predicciones futuras, que eran excesivamente optimistas.

La respuesta es muy sencilla. Toda inversión o compra tiene un componente de riesgo, y ningún método va a erradicarlo. Pero es más difícil equivocarse con una previsión de beneficios (que pueden basarse en hipótesis razonables) que con una eventual revalorización (que depende de plantear hipótesis sobre lo que piensen otras personas, es decir, hipótesis irrazonables). De todos modos, una solución es realizar un gradiente de estimaciones de beneficios: optimistas (los beneficios van a mejorar), realistas (se van a mantener) y pesimistas (los beneficios van a empeorar, ¡recuerde el *worst case scenario* de los médicos!). De esta manera, si los rendimientos son incluso inferiores a la peor de sus previsiones, su precio habrá sido más alto de lo que correspondía, pero difícilmente habrá pagado un precio irrecuperable o desorbitado, que es lo que se trata de evitar.[55]

El segundo argumento en contra del cálculo de precios en base al rendimiento intrínseco es que en este mundo es muy difícil establecer un nivel de precios de los bienes a lo largo del tiempo. Aquí es donde entran en juego los valores de referencia, que ponen en su adecuada perspectiva un bien determinado. Sin lugar a dudas, uno de los economistas que más han contribuido a aportar luz en este campo es Robert Shiller, autor del conocido libro *Exuberancia irracional.*

Robert Shiller tuvo la paciencia de reunir los datos relativos a beneficios y precios de las acciones (es decir, rentabilidades) de las empresas más importantes de Estados Unidos durante la friolera de 130 años. Quiso así proporcionar puntos de referencia que eliminasen de una vez por todas el «cortoplacismo» general y la falta de perspectiva histórica de la que adolecemos los humanos y, más específicamente, los especuladores.

La comparativa puede hacerse con la rentabilidad de la que he-

55. Puede llegar a pagarse un precio desorbitado si las previsiones optimistas lo son tanto, que son también desorbitadas. Esto pasó con algunas empresas del Ibex 35, cuyas valoraciones en el 2007 parecían adecuadas porque sus previsiones de beneficios para el cálculo del PER se basaban en precios y ventas de plena burbuja financiera e inmobiliaria.

mos hablado o bien con un indicador muy parecido, que denominaré «Período para Estar Reconciliado» con el suegro: PER. Supongamos que nuestro suegro tiene mucho dinero y que le pedimos 100 000 euros para invertir en bolsa. Por no darle un disgusto a su hija, nuestra mujer, el suegro nos lo presta, pero constatamos que en las comidas familiares no nos dirige la palabra. Sabemos que hasta que no le devolvamos todo el dinero, estará evasivo y antipático. Queremos reconciliarnos con él y para ello hay que devolverle su préstamo. ¿Cómo? Pues con los beneficios que cada año nos da la empresa cuyas acciones hemos adquirido. Para calcular el Período para Estar Reconciliado con el suegro (PER) no tenemos más que tomar los beneficios de cada año y contar cuántos han de transcurrir para recuperar lo que pusimos. Si la empresa en la que invertimos los 100 000 euros del suegro gana 5000 euros anuales, de 5000 en 5000 euros, habrán de pasar 20 años hasta llegar a los 100 000 que nos prestó. Ese tiempo, 20 años, se denomina PER.[56]

Si una empresa está barata en relación con los beneficios que da, tardaré menos tiempo en recuperar el dinero que puse (si piden 100 000 euros por ella y sus beneficios son de 50 000, en sólo dos años recupero todo). Y si una empresa está cara en relación con su rentabilidad anual, pues tardaré más tiempo en que el suegro me dirija la palabra (si piden 100 000 euros por una empresa que da 10 000 euros anuales, tardaré 10 años en recuperar el dinero).

Un modo de saber si compramos caro o barato es entonces com-

56. En realidad, corresponde a las siglas de Price per Earning Ratio. Una manera muy fácil de calcular el «Período para Estar Reconciliado» es dividiendo 1 entre la rentabilidad anual (puede comprobarse que 1 dividido entre 5% es igual a 20 años).

probar este PER. Robert Shiller calculó el PER (el tiempo que la gente estuvo dispuesta a esperar para recuperar su inversión) a lo largo de 130 años. Y obtuvo como resultado una media de 14 años (lo calculó para el período 1900-2005).[57] Ésa es la media, pero observemos que la irracionalidad de los seres humanos es tal que ha habido períodos donde la gente ha comprado con PER superiores a 30. El valor de 30 ha sido superado sólo dos veces: en el crac de 1929 y luego, llegando casi a 45, ¡durante estos recientes años donde muchos decían que no había burbuja! Esperar 45 años para recuperar el dinero supone enterrar al suegro sin tiempo para la reconciliación.

El gráfico de la página siguiente no muestra las cotizaciones de las acciones, sino cómo éstas se divorciaban de sus rentabilidades. En los períodos de las burbujas bursátiles que he documentado (Compañía de los Mares del Sur, Bolsa de Nueva York en 1929, acciones de empresas de Internet, o bien las bolsas americana y europeas durante el 2007) hubo empresas con un PER de entre 50 y 100 años (ahora no sólo el suegro: moriríamos nosotros y no habríamos recuperado todavía el dinero invertido).[58]

Hay quienes sostienen que estas comparaciones históricas carecen de sentido. Ignoran que casi todos los activos, salvo contadísimas excepciones, tienden sistemáticamente a un promedio a lo largo del tiempo durante su vida útil. Los navegantes utilizan las estrellas o el norte magnético para establecer su situa-

---

57. Catorce años de PER equivale a una rentabilidad del 7,14% (volvemos a hacer la inversa: uno dividido entre 14 años).

58. En el caso de muchas *puntocom* se obtendrían incluso rentabilidades negativas, pues la mayoría de las empresas, como ya se ha comentado, estaban en pérdidas.

PER CALCULADO A PARTIR DE LOS BENEFICIOS CORPORATIVOS DE LOS ÚLTIMOS 10 AÑOS (DATOS MENSUALES)

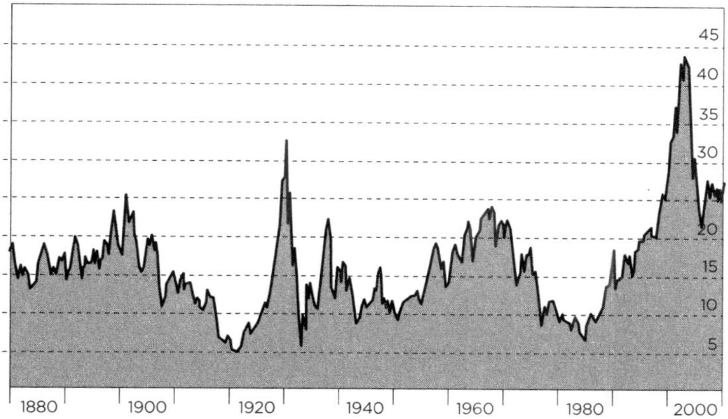

Fuente: Robert J. Shiller

ción. Los médicos comprueban la temperatura corporal o la presión sanguínea para emitir sus diagnósticos. Los economistas utilizan la Historia. Pero un oráculo de charlatanes, tahúres, gurús, futurólogos y predicadores de tres al cuarto prefiere vivir sin puntos de referencia estables, de modo que sus opiniones prevalezcan y puedan ganarse la vida con sus elucubraciones. Las burbujas serían erradicadas del mundo si se enseñara desde pequeños a nuestros hijos que las cosas tienden a un promedio histórico, que a veces se desvían de él, pero que irremisiblemente vuelven al mismo.[59]

59. En economía se llama a esta tendencia natural a un promedio histórico: *reverse to the mean.*

Esto, por lo que respecta a acciones. Pero ¿y en el caso de viviendas? En el inmobiliario, la rentabilidad se mide en función del alquiler, pues ésa es la renta de un piso. Los alquileres son a la vivienda lo que los beneficios son a la empresa.

«¡Ya, pero es que yo no quiero mi piso para alquilarlo, sino para vivir en él!», dirá alguno. De acuerdo, lo sé, pero el modo que tiene para saber si va a pagar demasiado por su piso es poniéndose en la piel de un inversor. El inversor (no especulador) que compra una vivienda para alquilarla realizará el mismo cálculo que con las empresas. Si adquiere un piso por 300 000 euros y puede alquilarlo por 1000 euros mensuales (12 000 euros anuales), su rentabilidad es del 4% (12 000 euros entre 300 000 euros), lo que no es demasiado si tenemos en cuenta los impuestos que debería pagar, el mantenimiento del piso, etcétera. Si, en cambio, puede alquilarlo por 2000 euros al mes (24 000 euros anuales) la rentabilidad es del 8% (24 000 euros entre 300 000 euros), y ya puede constituir una buena inversión.

¿Servía este cálculo para saber si en España las viviendas estaban caras los últimos años? Durante el 2006, el precio de la vivienda en una ciudad como Barcelona estaba entre los 3500 y los 4500 euros por metro cuadrado.[60] Por su parte, el alquiler se situó en la misma ciudad y el mismo año en torno a los 132 euros anuales por metro cuadrado.[61] Es decir, que la rentabilidad de un metro cuadrado para un inversor sería de un 3,7% (132 euros/metro de alquiler divididos entre 3500 euros/metro) para la vivienda usada y de un 2,9% para la nueva (alquiler de 132 euros/metro divididos entre un precio de 4500 euros/metro). En definitiva,

60. En función de si hablamos de una vivienda nueva o usada.
61. Datos del Ministerio de Vivienda, 2006.

una rentabilidad menor a la de una cuenta corriente remunerada. La respuesta está clara.

Hay algunos que dicen que utilizar alquileres para realizar esta evaluación no procede, debido a la «cultura de la propiedad» que hay en España. Bien, si no podemos hablar de alquiler, centrémonos sólo en el precio de compra, pero pongámoslo en relación con los salarios de la gente. Es decir, comparemos esfuerzos.

Robert Shiller realizó aquí también un cálculo muy interesante, publicado en *The New York Times*. Tomó los precios de las viviendas usadas en Estados Unidos desde el año 1890 y les dio un valor de 100, para establecer un valor de partida. Acto seguido, en función de la inflación, fue ajustando el precio de las viviendas con tal de establecer un comparativo eliminando el efecto «nivel de vida». Éste fue el resultado:

HISTORIA DEL PRECIO DE LAS VIVIENDAS

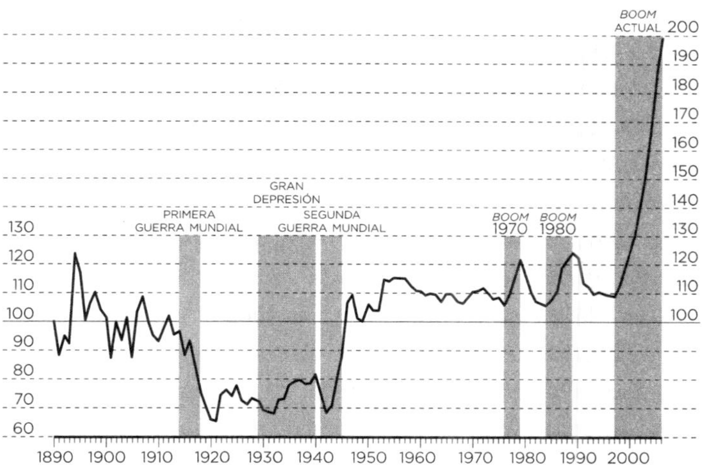

Bill Marsh/*The New York Times*

Fuente: Irrational Exuberance, 2ª ed., 2006, de Robert J. Shiller

Este nuevo gráfico mide el esfuerzo que una familia ha realizado en cada momento de la Historia para comprar una vivienda. Se constata cómo este esfuerzo fue particularmente bajo durante las dos guerras mundiales, momentos de crisis. Pero de manera paradójica también lo fue durante los felices veinte, años de prosperidad. ¿El motivo? Simplemente que la burbuja se centró en el mercado bursátil y no en el de la vivienda.

Fuera de estos dos períodos, incluso en los dos *booms* de los años 1970 y 1980, el esfuerzo máximo ha sido de 125 sobre una base de 100. Estamos hablando de un siglo de Historia. A partir de 1997, los precios de las viviendas experimentaron un auge nunca visto, llegando a un nivel de 200. Es decir, que respecto a una media histórica, los pisos cuestan hoy el doble que el nivel al cual se han movido durante cien años. En el año 2006, Shiller predijo que los precios caerían progresivamente hasta la mitad, por lo menos.

«¡De la Historia me río yo!», dirá más de uno. Pues que vaya riendo porque de momento el tiempo está ya dándole la razón a Robert Shiller: en noviembre de 2008 Reuters comunicó ya que la bajada del precio de la vivienda en Estados Unidos era del 17,4% anual, llegando en algunas ciudades a superar el 30%. Bueno, pero eso es en Estados Unidos, y *Spain is different*. Nuestro suelo recalificado es más escaso, la gente tiene más cultura de propiedad, la movilidad geográfica es menor, etcétera. Que nadie se engañe. El exceso del sector inmobiliario español ha sido muy superior al de Estados Unidos. La revista *The Economist,* que se caracteriza por su objetividad, imparcialidad e independencia, publicó la tabla comparativa del aumento del precio de los pisos en diferentes países del mundo desde que la burbuja inmobiliaria empezó:

Indicadores de *The Economist* sobre el precio de las viviendas (en %)

	Último dato disponible hasta junio de 2005	Año anterior	1997-2006*
Dinamarca	23,6	15,4	104
Bélgica	18,0	19,2	102
Irlanda	15,4	6,4	224
Francia	14,3	15,3	120
Sudáfrica	13,5	25,1	315
Suecia	13,0	7,7	116
Nueva Zelanda	12,4	13,7	94
Canadá	10,8	4,8	64
España	10,8	13,9	173
Estados Unidos	10,1	14,0	98
Gran Bretaña	6,6	6,1	184
Italia	6,6	8,5	88
Australia	6,4	1,9	126
Singapur	6,0	2,4	-
China	5,7	8,0	-
Países bajos	5,0	4,4	92
Suiza	3,8	0,8	16
Alemania	-0,8	-1,3†	-1
Hong Kong	-2,0	22,6	-44
Japón	-3,9	-5,4	-31

*Último dato de 2005 †2004

Fuente: ABSA; Bulwien; ESRT; Japan Real Estate Institute; Nationwide; Nomisma; NVM; OFHEO; Quotable Value; Stadim; Swiss National Bank; government offices

España es, después de Sudáfrica, Irlanda y Reino Unido, el país donde más ha aumentado el precio de la vivienda en el mundo. Y en relación a Estados Unidos, en el período 1997-2006 en España los pisos han aumentado a un ritmo casi dos veces mayor. ¿Qué cabe esperar aquí?

Hemos comprobado en el capítulo dedicado al crac de 1929 la bondad del mecanismo de la palanca a la hora de volcar cualquier revalorización en un porcentaje pequeño del capital de una empresa. La bondad se convertía en perversidad cuando los precios bajaban. Algo parecido ha sucedido a las empresas inmobiliarias y constructoras españolas. En los momentos en que escribo estas líneas (1 de diciembre de 2008), la acción de ACS ha bajado un 23% en lo que va de año; Fomento Construcciones y Contratas (FCC), un 45%; Sacyr Vallehermoso, un 70,6%; Inmobiliaria Colonial, un 91%; Metrovacesa, un 39%. Eso sin contar las que ya han quebrado o suspendido pagos (Llanera Inmobiliaria, Hábitat, Martinsa-Fadesa...).

En definitiva, que por mucho que el valor subjetivo de un bien sea su precio, si uno no quiere pagar un precio excesivo o quiere comprobar si está a punto de meterse en una burbuja, que calcule el Período para Estar Reconciliado con su suegro (PER) o la rentabilidad del bien que va a adquirir, sopesando distintos escenarios e informándose de dónde se extraen las cifras de beneficios futuros. Que luego lo compare con valores históricos u otras alternativas de inversión.

Podrá equivocarse, pero difícilmente se arruinará.

SÍNTOMA 7: no reconocer que no se sabe

A la hora de invertir es fundamental comprender qué es lo que se compra. Robert Bruner, decano de la Escuela de Negocios Darden y analista de los cracs financieros, ha llegado a la conclusión de que «los cracs llegan a ocurrir porque no se sabe decir "no lo entiendo"».[62]

62. *La Vanguardia,* entrevista de Lluís Amiguet para «La Contra», 20 de noviembre de 2008.

Durante etapas de prosperidad, afirma Bruner, se conciben innovaciones financieras que crean «nuevas olas de complejidad», innovaciones que son difíciles de entender incluso para los especialistas y profesionales. A pesar de que los gestores no entienden lo que compran, tienen la sensación de que no pueden quedarse atrás, y acumulan riesgos superiores a lo aceptable. Pasó con los bulbos de tulipán, pues lo que hacía complejas las operaciones no eran sólo los contratos de futuros. Además, de cada bulbo saldrían otros, con lo que resultaba difícil establecer el valor adecuado de un tulipán. Lo mismo sucedió con la Compañía de los Mares del Sur, donde los ratios de conversión de obligaciones por acciones eran harto complicados. No digamos ya en el caso de los *trusts* del crac de 1929: las relaciones de dependencia entre empresas eran tan enmarañadas que para cuando alguien ya se hubiese aclarado, el precio de la acción ya había subido. Con las *subprime*, más de lo mismo. Pero la palma se la llevan las empresas *puntocom*. Nadie tenía ni idea de por qué iban a facturar tanto dinero.

Recuerdo que en el año 1999, pocos meses antes del estallido de la burbuja, realicé un viaje a Alemania para reunirme con un cliente para quien estaba realizando unos estudios de viabilidad. Se trataba de la División de Internet de una importante empresa de telecomunicaciones. Durante la reunión tuve la oportunidad de comprobar sus estados financieros. Todo eran pérdidas y más pérdidas, y no había facturación. Permanecí callado y, al finalizar las diferentes presentaciones, pregunté de dónde iban a salir las ventas. Los ejecutivos me miraron con cara de asombro. Me dijeron que no entendía nada, que lo importante no era tener ventas, que en Internet lo importante era tener audiencia, esto es, visitas. Que luego ya se les vendería cualquier cosa. De regreso a España, decidí en el avión que debía buscar otros clientes. En efecto, tenían razón: no entendía nada. Y, por tanto, no me fiaba. Intuí que aquello se derrumbaría.

El considerado mejor inversor actual, Warren Buffett, afirma que no invierte en negocios que no entienda. Si no comprende el negocio, por muy barata que esté la acción, no la compra. Reparemos en que, de acuerdo con el método del PER, es difícil calcular los beneficios futuros de una empresa si no se entiende en qué consiste su negocio. Warren Buffett no sabía realizar cálculos sobre futuras rentabilidades de las empresas de Internet y por eso no las adquiría. No es que no le resultasen atractivas, es que no sabía qué demonios compraba. Fue uno de los pocos grandes inversores que se mantuvieron al margen de la burbuja de Internet.

Hay muchas personas que durante las burbujas echan por tierra medias históricas como las de Shiller. Aducen que la media del PER debe reconsiderarse, que no era como antes. O afirman que no puede compararse el esfuerzo de adquisición de la vivienda de 1900 con el actual, que la vivienda se ha convertido en un bien mucho más preciado que entonces. No hay nada que sustente esta afirmación más allá del elevado precio que se está pagando en aquel momento puntual. Cuando la media de esfuerzo para la adquisición de vivienda lleve 20 años por encima del nivel histórico tal vez podamos reconsiderar su promedio, pero hemos visto con la última burbuja que el período de irracionalidad financiera puede durar 14 años, así que no pueden extraerse este tipo de conclusiones de forma tan gratuita.

Antonio Torrero lo expresa claramente al referirse al crac de Japón en los noventa:

> Hay algo común a todas las burbujas especulativas: la convicción de que se trata de un modelo nuevo en el cual

> se justifican valoraciones que hubieran parecido disparatadas en el modelo «superado».[63]

Los aquejados del síndrome del Necio son incapaces de asumir su ignorancia, porque para reconocer que algo no se sabe hay que ser muy humilde, valiente y sabio. Muchos profesionales del sector financiero no entendían los productos financieros derivados de las hipotecas *subprime,* pero, al igual que tampoco comprendían por qué un portal que no vendía un solo zapato en Internet iba a hacerse en pocos años con el 20% del mercado de zapatos, no hacían preguntas para no parecer estúpidos. Al no querer asumir la incomprensión, automáticamente, uno pone su dinero en manos de las opiniones de los demás.

SÍNTOMA 8: toma excesiva de riesgos

Vamos ahora con el golpe letal. Hasta ahora «sólo» hemos comprado mal o perdido dinero. Pero si los necios llegan hasta aquí con su síndrome, el próximo paso será arruinarse.

En todas las burbujas que he descrito subyace una progresión geométrica, pero en cada ocasión se utilizan mecanismos distintos para lograrla. La progresión geométrica a la que me refiero es la compra apalancada y a crédito. Podrá ser mediante contratos futuros, canjes, compras a plazo con fianza o préstamos hipotecarios. No importa el mecanismo porque el número de formas en que puede articularse una palanca es casi infinito.

---

63. Torrero, Antonio (Universidad de Alcalá), *Economiaz* n.º 48, 3er. cuatrimestre, 2001.

El caso es cómo hacer para que la gente pueda realizar una inversión desembolsando sólo una parte del precio. Es una manera muy sencilla de que muchas personas asuman con poco dinero un gran compromiso futuro. Así puede dispararse el precio de un bien sin imputárselo a nadie, excepto a los últimos que ya no encuentren comprador.[64] El problema es que quienes invierten con tales operaciones no son conscientes de que si lo que compran no sigue subiendo están comprometiéndose a una deuda que muchas veces no podrán cubrir con su propio patrimonio, y aquí es donde se arruinan.

Durante los períodos de bonanza, la seguridad de la gente es tal que apenas se considera esta posibilidad. Quienes entregaron su casa por un tulipán lo hacían convencidos de que era imposible que los tulipanes valiesen menos de lo que pagaron. «Entrego mi casa por un tulipán porque el tulipán va a valer en poco tiempo más que mi casa.» Éste es el único silogismo que explica un intercambio tan irracional.

En el fondo, comprar desembolsando sólo una parte del precio es como asumir una deuda sin ser consciente. La deuda no se percibe porque se da por sentado que la parte no desembolsada va a obtenerse íntegramente, junto con el beneficio, en la venta.

Este mecanismo es diabólico por varios motivos: primero porque permite que muchos especulen con dinero que en realidad no tienen, atrayendo a un número de personas enorme; en segundo lugar, porque el efecto palanca, como hemos visto ya, hace subir los precios de forma exponencial (si se obligara a desembolsar en su totalidad el importe del bien, la sensación de riesgo

---

64. Véase en el siguiente epígrafe de este capítulo: la Greater Fool Theory.

asumido sería más acorde con la realidad y el inversor actuaría con mayor cautela).

Pero lo rematadamente endiablado es que la garantía que suele aceptarse en los fenómenos especulativos acostumbra a ser... ¡el propio bien con el que se especula! En el crac de 1929 se compraban acciones a plazo y la garantía era, además de una pequeña fianza en dinero, la acción retenida por el agente de cambio como prenda. O sea: te compro una acción por 2000 euros, te adelanto sólo 200 y, si no te pago el resto porque la acción se hunde, tienes como garantía de lo que te falta por cobrar... ¡la acción desplomada!

Esto hicimos en el caso del inmobiliario español (y también sucedió en Japón). Los bancos financiaron a las constructoras y promotoras el 90% del dinero que necesitaban para construir. Si no pagaban este dinero, la vivienda sería embargada, con lo cual se recuperaría el dinero. Esto es una práctica normal, pero en plena burbuja especulativa resulta una imprudencia, pues cuando el precio de la casa se desplome, la única garantía de la que el banco dispone también lo hace.

Además, en el especulador se instala habitualmente un efecto psicológico denominado «percepción de suelo mínimo». Llega a extenderse la creencia de que hay un valor mínimo a partir del cual ese bien es imposible que baje.

Resulta paradójico comprobar que durante las burbujas nadie se plantea que existan «techos máximos» y en cambio todos creen en «suelos mínimos» (recuerde aquel «La bolsa sólo sube, caballero», del capítulo 3). Es rotundamente falso que haya un «suelo mínimo». Vimos que los *trusts* podían llegar a valer cero en pocas semanas. Inmobiliaria Colonial ha perdido en doce meses el 92% de su valor. Bear Stearns perdió en unas pocas horas el 90%.

La percepción de suelo mínimo y de considerarse cubierto por una garantía alienta todavía más al comprador a asumir riesgos. Ya no sólo se siente eximido de la obligación de pagar el resto del activo gracias a que subirá de precio, sino que, además, en el hipotético caso de que descienda, se cree cubierto por una garantía que no bajará de cierto nivel.[65] No es consciente de que una garantía de un bien inflado equivaldrá a una garantía insuficiente cuando estalle la burbuja. Y en este mundo, cuando alguien no paga lo que debe, si lo que ofrece como garantía es insuficiente, tendrá que responder con sus bienes personales.[66] El inversor enfermo del síndrome del Necio que compra en plena burbuja con un desembolso parcial está poniendo en riesgo su patrimonio personal. Toma un riesgo excesivo, brutal. Y ni siquiera es plenamente consciente.

Pero ojalá todo fuera esto porque, para más inri, como durante las burbujas el dinero es tan abundante y los riesgos de morosidad se consideran tan bajos, ni siquiera hace falta adelantar el dinero para el desembolso parcial o pagos a cuenta. Los bancos también lo prestan.

El resultado final es que un conjunto de bancos serios y responsables prestan el dinero de los depósitos de honrados trabajadores para que unos insensatos jueguen a intercambiarse unos

65. Ésta es, de hecho, la única explicación de que los bancos españoles se hayan saltado a la torera todos los criterios de prudencia financiera más elementales para la concesión de créditos. Ningún análisis de riesgos soportaba los créditos concedidos, excepto esta creencia en un suelo mínimo y en una garantía segura.

66. Hay algunas excepciones. En Estados Unidos, si alguien no paga la hipoteca y el banco embarga la casa, la deuda queda cancelada, independientemente de lo obtenido en la subasta.

bienes a unos precios insostenibles con la única garantía del sobrevalorado bien con el cual están especulando. ¿No debería alguien controlar esto?[67]

SÍNTOMA 9: creencia en la demanda infinita

Puede comprobarse que el proceso de una burbuja se asemeja mucho al de una estructura piramidal. El esquema de pirámide se basa en que los participantes recluten a más gente para que los nuevos produzcan beneficios a los participantes originales. El nombre de pirámide se da porque se requiere que los participantes nuevos sean más numerosos que los iniciales (los de arriba son pocos y los de abajo son muchos). Se consideran estafas o timos y se conocen también como esquemas Ponzi. Las pirámides funcionan mientras existan nuevos participantes. Cuando éstos escasean, los participantes que entraron en última instancia se quedan sin beneficio alguno tras haber financiado las ganancias de los primeros que entraron en la pirámide.[68]

Se ha establecido una cierta analogía entre las pirámides y las burbujas, lo que dio lugar a la denominada Greater Fool Theory («teoría del más loco todavía», que en este ensayo podríamos denominar «teoría del más necio todavía»). Esta teoría formula que una persona realiza inversiones cuestionables asumiendo que po-

67. La respuesta a esta pregunta está en el capítulo 8.

68. En España la Ley de Ordenación de Comercio Minorista (Ley 7/1996 de 15 de enero) prohíbe en su artículo 23 «proponer la obtención de adhesiones o inscripciones con la esperanza de obtener un beneficio económico relacionado con la progresión geométrica del número de personas reclutadas o inscritas».

drá revendérselas después a alguien más necio que él a un precio superior. Esta teoría ha evolucionado hasta el punto de considerar que hay un determinado *stock* de necios que irán pasando por caja uno tras otro.

Mientras haya necios en la cola, la burbuja continuará; cuando el *stock* de necios se agote, explotará. Es muy parecido a la pirámide. Mientras los que se adhieren a la pirámide van encontrando personas que hacen aportaciones, el esquema se sostiene. Pero el planteamiento es insostenible a largo plazo, pues si bien la estupidez humana es infinita, el número de humanos estúpidos no lo es.

La Greater Fool Theory no se considera una teoría probada en el caso de las burbujas porque su proceso no es tan lineal como el de las pirámides. Es cierto que ambas tienen en común su insostenibilidad a lo largo del tiempo y la suposición de una reventa posterior como base de funcionamiento, pero en las burbujas especulativas los necios no pasan una sola vez por caja, sino que lo hacen varias. Es decir, los pingüinos, después de saltar al agua congelada, vuelven a subirse al iceberg y se ponen de nuevo a la cola. En efecto, quienes compran un activo y lo revenden con suculentos beneficios suelen reincidir (¡le pasó al propio Newton!). Más que un *stock* de necios que paulatinamente se agota, deberíamos hablar de un conjunto creciente de necios que hace subir la burbuja hasta que a todos les revienta en las narices. El necio cree que siempre habrá alguien más, dispuesto a quedarse con su activo.

SÍNTOMA 10: la tardanza en asumir la pérdida

Los seres humanos somos tan estúpidos que cuando cometemos un error incurrimos en otro todavía mayor con tal de no aceptar el primer coste.

Hace unas semanas me sucedió algo curioso. Salía del Palacio de Congresos en el Parque de las Naciones (Madrid) y debía tomar el puente aéreo para volar a Barcelona. Decidí, pues llevaba algo de equipaje, coger un taxi. Me subí a uno que estaba en una parada. A la vista de la larga cola de taxis, deduje que el conductor llevaba bastante tiempo esperando a que le tocase el turno, como así me ratificó. El caso es que sólo avanzar unos 100 metros, nos encontramos un fenomenal atasco. Pasaron diez minutos y ni siquiera nos habíamos movido. Empecé a inquietarme por la hora. Cinco minutos más y nada, quietos. Entonces, reparé en que la entrada de metro que llevaba al aeropuerto de Barajas estaba delante de la parada de taxis. Le pregunté al taxista cuánto hubiese costado el trayecto hasta el aeropuerto.

—Unos 18 euros —me dijo.

—Bien, tome, sus 18 euros. Me voy en metro.

El taxista no podía creerlo. Me respondió:

—Es la primera vez que me sucede algo así en 40 años.

—¿El qué? —pregunté yo.

—Que alguien me pague un trayecto que no hemos recorrido —me contestó—. Apenas hemos transitado 100 metros...

Acto seguido, me metí en el metro. Pagué 1 euro y unos céntimos más y llegué en 15 minutos al aeropuerto, justo a tiempo de tomar el vuelo que tenía planificado.

Bien, ahora la pregunta clave: ¿qué fue lo que pagué?, ¿pagué por nada o pagué por algo? Evidentemente que pagué por algo: pagué el denominado «coste de equivocarse». En mi caso, la mejor opción no era el taxi, sino el metro. He de reconocer que, en el momento de tomar la decisión de abonar los 18 euros, me sentí algo estúpido, pero era el precio por salir de un taxi que había esperado una hora para coger pasaje: 18 euros era el precio de mi error. Si me dignaba dar esos euros a cambio de nada, con 1 euro y poco más, estaría en el aeropuerto a tiempo de tomar mi vuelo. Si por no querer asumir ese coste me hubiese quedado en el taxi, habría pagado los 18 euros igualmente y habría perdido el avión que deseaba tomar.

Esta situación no es tan poco habitual. Se trata de la errónea contabilización del «coste del error incurrido en el pasado» a la hora de evaluar decisiones futuras. Otro ejemplo: estamos en el cine, la película es un tostón y tenemos unas ganas locas de irnos de la sala. En la mayoría de los casos, aguantamos hasta el final. Motivo: «He pagado la entrada y no quiero tirar 6 euros a la basura». Esta sensación de aprovechar el dinero por no salir del cine es absurda. El dinero ya se ha tirado. Se ha desperdiciado en el momento en que se adquirió la entrada para una mala película. En realidad, quedándose en la sala hasta el final, se está incurriendo en un segundo coste: el de consumir tiempo en algo que no nos gusta y no optar por otra distracción. Fijémonos en que el no asumir la pérdida incurrida conlleva otra pérdida superior.[69]

Esto es precisamente lo que sucede a quienes se dan cuenta de que su inversión ha empezado a bajar. Durante la caída de las burbujas hay posibilidades de vender con pérdidas, de no perderlo todo. Pero eso supone asumir un error parecido al de mi taxi o al del cine. Los enfermos del síndrome del Necio son incapaces de asumir el coste de su primer error y persistirán en él bajo una esperanza de que aquello remonte, anclada en el fenómeno del

---

69. Aun conociendo esto, nunca he logrado salir del cine antes del final de una película que me disgustaba. Está claro que nadie, ni yo mismo, se escapa de actuar a veces como un necio.

suelo inexistente y de la garantía que poseen. Recuerdo el testimonio de un pequeño empresario que me explicó cómo perdió todos sus ahorros en la burbuja de las *puntocom*. Cuando perdía un 10% estaba preocupado, pero decidió esperar a ver si remontaba (ya entonces podía haber vendido). Cuando la pérdida era del 20% todavía albergaba esperanzas. Cuando era del 40% aún pensaba que había una oportunidad para la recuperación. Así hasta perder el 90% de todo lo que tenía: 20 años de ahorro de duro trabajo en su pequeña empresa. Su problema, como el de todos los que lo pierden todo en la especulación, fue la lentitud en asumir su error.

Muchos no son conscientes de esto y piensan que sabrán salir a tiempo. Incluso quienes tienen cierta conciencia de estar jugando con fuego así lo afirman. Pero la realidad es bien distinta.

Habrá personas que tras leer este libro creerán conocer el modo de especular sin pillarse los dedos. Estas páginas dan suficientes indicios como para intuir cuándo una burbuja está en niveles que recomiendan recoger beneficios y salir pitando. A quienes así piensen, les pido que escuchen lo que mi padre me recomendó en cierta ocasión.

Corría el año 1985. Yo acababa de cumplir los 18 y una de las cosas que apetece cuando ya se es mayor de edad es ir al casino, pues es un lugar no autorizado a menores. Varios amigos nos organizamos para una noche, en lugar de salir de copas, ir al casino por primera vez. Se lo expliqué a mi padre y no me lo impidió. Respetó que yo ya era mayor de edad. Como tenía cierto temor a que aquel mundo me sedujese y pudiese acabar arrastrado por la ludopatía, me preguntó:

—¿Vas a jugar o a divertirte?

—A divertirme —respondí yo.

—Bien, entonces dime cuánto te gastarías mañana por la noche si en lugar de ir al casino fueses a la discoteca, como siempre.

—Entre la entrada y las copas, unas 2000 pesetas —le respondí.

—Bien —prosiguió—, pues haz lo siguiente. Ya que 2000 pesetas es el presupuesto de tu diversión y vas al casino para divertirte, pon esa cantidad en tu bolsillo derecho. Apuesta aquí y allá. Si ganas algo, pon los beneficios en tu bolsillo izquierdo. No cuentes cuántas fichas ni cuánto dinero representa. Déjalo apartado, pues ese dinero es independiente de tu diversión, es sólo un beneficio colateral, si es que ganas algo. Cuando se terminen las fichas del bolsillo derecho, ve directo a la ventanilla, di que te cambien las pocas o muchas fichas que tengas en el izquierdo, y te vas. Cuéntalo cuando llegues a casa.

El consejo era sensacional. En lugar de ir a jugar, iba a divertirme. El presupuesto de la diversión estaba cerrado y los beneficios serían una cosa al margen. Seguí sus consejos.

Fui al casino con mis amigos. Perdí algunos lances. Acerté en otros. Deposité lo ganado en el bolsillo izquierdo, apuré el derecho y luego me volví a casa. Cuando llegué, conté 2600 pesetas. ¡Había ganado 600 pesetas!

Pero he aquí lo sorprendente: si en lo sucesivo fui al casino, sistemáticamente siempre, al llegar a casa y contar el dinero del bolsillo izquierdo, el total era mayor a lo que había puesto en el derecho. Siempre gané. Poco, a veces 100 pesetas, pero siempre gané.

Bueno, miento. Una vez sí perdí: fue una noche en que utilicé las fichas del bolsillo izquierdo.

Desde entonces no he vuelto a entrar en un casino.

He contado la historia anterior, que es rigurosamente cierta, porque si alguien piensa que va a saber entrar en una burbuja y salir a tiempo le recomiendo que antes haga el ejercicio de los bolsillos en el casino. Si después de 50 noches ha sido capaz de no tocar su bolsillo izquierdo, que pruebe a meterse en una burbuja.

El lector pensará que estoy contradiciéndome, pues llevo todo el libro recomendando lo contrario. No me contradigo. No conozco a nadie que haya resistido más de 10 visitas a la ruleta sin vaciar su bolsillo izquierdo.

Y por todo lo que hemos visto, la gente se arruina. Las burbujas son una trampa mortífera mediante la cual una persona, como quedó explicado en el epígrafe «Toma excesiva de riesgos», arriesga su patrimonio sin percatarse.

Las compras apalancadas y a crédito, si les pilla el pinchazo, van a significar una deuda mayor de lo previsto que no tendrá garantía alguna. Por eso es tan importante conocer los mecanismos subyacentes de las burbujas, descritos en la primera parte del libro. En estos momentos hay un elevado número de personas sufriendo porque su patrimonio está en riesgo (me refiero a su casa particular, a su empresa o cualquier activo que suponían a salvo): gente que hizo de promotor con dinero del banco, y que se ha enganchado con una vivienda a medio construir o ya acabada que no encuentra comprador. Han de asumir hipotecas que no pensaban afrontar nunca porque iban a ser los compradores de las casas quienes se las quedasen. Las casas sólo responden por una parte, pues el banco está bajando su valoración mes a mes. El banco se las quedará a un valor inferior al de la tasación y buena parte del crédito quedará pendiente. Luego iniciará un trámite para embargar su patrimonio.

Ése es el bolsillo izquierdo que el inversor creyó a salvo.

Las burbujas son peligrosas.

Muy peligrosas.

Resumen

A modo de resumen, éstos son los 10 rasgos del síndrome del Necio y sus correspondientes soluciones:

Síntomas	Soluciones
Exceso de confianza	Cautela permanente
Engaño consentido o autoengaño	Sacar conclusiones por uno mismo
Envidia del beneficio ajeno	Olvidarse de lo que ganen los demás
Gula de dinero	«Conformarse» cuando se tiene suficiente
Lógica irracional	Recordar las causas de la subida inicial
Confusión entre valor y precio	Calcular rendimientos implícitos
No reconocer que no se sabe	Invertir sólo en lo que se conoce
Toma excesiva de riesgos	Endeudarse con cautela o no endeudarse
Creencia en la demanda infinita	No valorar activos sólo en función de la reventa
Tardanza en asumir la pérdida	Vender con pérdidas si es necesario

Siete. La propagación del síndrome
De la especulación financiera a la recesión económica

La pobreza no viene por la disminución
de las riquezas, sino por la multiplicación
de los deseos.
PLATÓN

El capítulo anterior ha abordado el síndrome del Necio como un mal exclusivo de quienes participan de la especulación. Sin embargo, hemos comprobado que las consecuencias de algunas burbujas, tras su estallido, alcanzan a otras personas, incluso de otros países.

La primera burbuja cuyos efectos traspasó fronteras fue la del crac de 1929. A partir de entonces, las euforias financieras han aumentado el ámbito y duración de su onda expansiva.

Hoy en día, los mercados internacionales están conectados; con la globalización, las economías ya no son compartimientos estancos, sino auténticos vasos comunicantes. Como resultado, los excesos, euforias e irracionalidades financieras tienen una probabilidad más elevada de perjudicar a otros países que no han participado directamente en la especulación.

Mucha gente no acierta a comprenderlo. El trabajador de una fábrica de estilográficas de Valdemoro que se queda en paro no entiende por qué la crisis del inmobiliario norteamericano hunde las ventas de material de oficina en España. El propietario de un restaurante que hace seis meses tenía todas sus mesas ocupadas contempla absorto cómo el hundimiento del Ibex 35 ha vaciado su local. En definitiva: ¿por qué la especulación local se convierte en recesión global? Para responder, debemos pasar de la patología individual a la colectiva.

Refiriéndonos concretamente a la recesión actual, se ha extendido una creencia errónea sobre la auténtica naturaleza y origen de la crisis. Hemos visto en el capítulo 5 cómo la titulización de hipotecas *subprime* ha diseminado el crac inmobiliario americano por todo el planeta. Los medios explicaron que, como no se sabía qué entidades tenían hipotecas *subprime* y cuáles no, se instaló la desconfianza entre los bancos, colapsándose el sistema financiero. Se concluyó entonces que la recesión se originó por una crisis de confianza. Con tal de cubrir las ineficiencias del mercado de capitales, calificadas como transitorias, los bancos centrales inyectaron liquidez en la economía a palas, sin embargo, el paro, la actividad económica y los beneficios empresariales empeoran continuamente, lo que hace sospechar que la falta de confianza era un elemento más, pero no la raíz del problema.

Unos afirman que lo peor ha pasado ya. Otros creen que está por venir. Una institución predice una recuperación para la segunda mitad del 2009. Más adelante, corrige y dice que en el 2010. ¿Cuánto durará realmente la crisis? ¿Cuál es su verdadero origen? ¿Por qué la sufren todos los sectores de actividad sin distinción?

Responder a estas preguntas es el objetivo de estos dos últimos capítulos. Asimismo, con tal de no mezclar una aproximación psicológica y social con otra económica, he ido postergando algunas cuestiones.[70] Es ahora el momento de abordarlas.

No voy a realizar una predicción exacta sobre cuánto durará aún la recesión, pues los economistas no poseemos una bola mágica que prevea el futuro. En su lugar, he optado por desarrollar un modelo que clasifique las burbujas por gradientes, de menor a mayor gravedad.

El modelo que a continuación presento sirve para que tanto ahora como en lo sucesivo, cualquier persona sea capaz de diagnosticar, tras el pinchazo de una burbuja, cuál puede ser el alcance de su onda expansiva.

Inventemos un mercado

Para construir mi modelo, echaré mano del flamante premio Nobel de Economía 2008, Paul Krugman, quien hace una extraordinaria analogía de un asunto tan complejo como éste mediante la historia de la cooperativa de canguros de Washington.[71]

Washington es una ciudad que aglutina a un buen número de

70. Concretamente, emplacé las siguientes cuestiones a esta sección del libro: (1) Por qué los controladores y reguladores no han podido (o querido) evitar estas fiebres especulativas. (2) Dónde se producen los avisos del pinchazo de la burbuja, pues afirmé que estos indicios aparecían en la economía real y no en los mercados financieros. (3) Cómo la formación de burbujas se origina por un fuerte decalaje entre el crecimiento del dinero y la actividad real. (4) Adónde va a parar el dinero después del pinchazo de las burbujas.

71. Krugman, Paul, *El retorno a la economía de la depresión*, Editorial Crítica, Barcelona, 2000.

organismos públicos donde trabajan muchas parejas jóvenes. Cuentan que entre varios matrimonios que trabajaban en la Administración se organizaron para dejar a sus niños al cuidado de personas de confianza y así poder salir a cenar o al cine. Ellos mismos harían de canguro de los pequeños de sus compañeros de trabajo. Es decir, si una pareja salía por la noche, un colega haría de canguro de sus hijos. A la semana siguiente, procederían al revés: los que hicieron de canguro saldrían por ahí y los que salieron por ahí harían ahora de canguro. Era una gran idea, así que fueron muchos los matrimonios que se apuntaron a la cooperativa que fundaron: una cooperativa de canguros.

Al ser tantos, establecer turnos se hizo complicado, así que decidieron recurrir a un simple e inteligente mecanismo: cupones. Los cupones eran unos pequeños vales que valían por una noche de canguro. Es decir, si mi mujer y yo decidimos salir y le damos un cupón a la persona que venga a cuidar de nuestros hijos, esta persona, al recibir el cupón, se hace a su vez con la posibilidad y el derecho de hacer uso del mismo en el futuro. Al cabo de un tiempo, cuando le apeteciera, saldría por la noche y ofrecería a otras parejas interesadas en acumular cupones venir a hacer de canguro. De nuevo, la persona que acudiese a su casa, recibiría el cupón y así sucesivamente.[72]

La cooperativa imprimió unos cuantos cupones y los repartió a partes iguales entre sus miembros. Cuando una pareja salía demasiados días seguidos, se le iban acabando, así que tendría que contener su ansia de diversión hasta acumularlos de nuevo. Era

72. Tenemos ya tres elementos fundamentales de una economía: una demanda (matrimonios que quieren salir y demandan canguros), oferta (personas dispuestas a hacer de canguro) y, lo más importante: dinero (los cupones, que se convierten en instrumento de cambio).

imposible aprovecharse de nadie porque, para seguir saliendo por la noche, era necesario ir prestando el servicio de canguro. No está mal, un sistema eficiente.

Así son todas las economías. Y funcionan correctamente hasta que algo inesperado sucede. Ese algo inesperado (llámese un aumento de precios en el crudo, una expectativa de inflación o una bajada de las bolsas) convierte a los círculos virtuosos en viciosos y lo que antes era eficiente empieza a no funcionar. Sucedió que en Washington llovió durante muchos días seguidos. Coincidió con un menor número de fiestas en la ciudad y con el estreno de películas ciertamente mediocres. Por este motivo absolutamente pasajero, durante unas semanas la gente dejó de salir y nadie solicitó servicios de canguro. En otras palabras: no había demanda.

Al haber pocas oportunidades para hacer de canguro, los matrimonios a los que restaban pocos cupones se asustaron y convinieron no salir hasta acumular más cupones. Pero, por desgracia, esas oportunidades no llegaban. Incluso los que tenían muchos cupones, como no había solicitudes de canguros, creyeron oportuno no gastarlos. «Si nos gastamos los cupones que tenemos, no podremos recuperarlos. Es mejor que, a pesar de tener suficiente, vayamos con precaución.» Eso fue lo que pensaron.

Ya tenemos una recesión. La ausencia de demanda de canguros realimenta la sensación de que no hay cupones en circulación y reafirma la decisión de que es mejor no salir por las noches.

Fijémonos en que, en realidad, nada justifica una recesión, pues lo que desencadenó esta nueva situación era algo temporal (la climatología, los estrenos, las fiestas...). Las parejas ignoraban que el motivo de la ausencia de demanda de canguros era coyuntural. Al no conocer el origen del problema, se instaló una falta de confianza y unas expectativas negativas. La falta de confianza ha derivado en una contracción estructural de la demanda.

Paul Krugman explica que las crisis de confianza se solucionan con liquidez (dinero). En este caso, con cupones. En cuanto la dirección de la cooperativa se dio cuenta de que había un problema en la retención de cupones por parte de sus miembros, imprimió más y los entregó a todas las parejas. La sensación de riqueza aumentó y el temor a gastar desapareció. Poco a poco, apareció en el tablón una petición, que animó a una segunda y que contagió a una tercera: las parejas se pusieron a gastar sus cupones y se restableció la normalidad. Es decir, que la inyección de cupones serenó los ánimos y facilitó que un solo anuncio de canguro cambiase las expectativas de todos los miembros de la cooperativa.

En este ejemplo no se ha producido ninguna burbuja, pero hubo una recesión que pudo ser solventada con más dinero. Cuando la dirección de la cooperativa emitió más cupones, hizo como la Reserva Federal y el Banco Central Europeo al inyectar liquidez en el sistema. Las recesiones provocadas por unas expectativas negativas tienen una duración corta y sus consecuencias son leves. La actividad decae un tiempo, pero como en realidad no hay ningún problema estructural, enseguida se remonta el vuelo.

Muchos economistas han dedicado sus vidas al estudio de la conformación de las expectativas, que tanto impacto tienen sobre el ciclo económico. Sus investigaciones concluyen que algunas recesiones son de una naturaleza eminentemente psicológica y que a través de las expectativas de una sociedad puede modificarse el rumbo de la economía. Si todos los diarios hablan de que todo va bien, la gente es más optimista y gasta más. Y lo mismo, al contrario: malas noticias influyen sobre el ánimo de la población y repercuten sobre la economía y el consumo.

Desde mediados del 2007, la mayoría de las noticias relacionadas con la economía han sido terribles. Muchos se quejaron de que los medios estaban sembrando el miedo entre la gente al abordar con tanta crudeza y sensacionalismo la crisis. Éstos eran comentarios habituales: «Al final, con tanta portada funesta van a provocar una crisis de verdad». «Nosotros mismos nos estamos inventando la recesión.» «Los medios agravan el problema.» Sostenían que la expectativa negativa generalizada creaba «artificialmente» una crisis más aguda. Se interpretó que la recesión fue que el problema de las *subprime* había generado una desconfianza entre los bancos, traducida luego en unas expectativas negativas.

Para irrigar los mercados de dinero, las autoridades monetarias repartieron cupones: el 18 de enero, Bush propuso un plan de 145 000 millones de dólares para reactivar la economía. El 7 de marzo la Reserva Federal inyectó 100 000 millones de dólares en el mercado. Finalmente, se aprobó un plan de rescate que ascendía a la friolera de 700 000 millones de dólares. El Banco Central Europeo también ha estado inyectando dinero a los bancos. Sin embargo, estas millonarias inyecciones de liquidez no están erradicando la crisis. Y es que, como enseguida veremos, la recesión actual *no es sólo* una cuestión psicológica ni de expectativas negativas ni de falta de confianza. Unas expectativas negativas pueden provocar una recesión, pero si fuera éste el único problema, con la de dinero que se está vertiendo en la economía, debería haberse notado ya una mejoría. ¡No se conocen recesiones largas basadas sólo en expectativas infundadas!

Denominaré recesión de grado cero a la «pequeña recesión» de la cooperativa de canguros de Washington, pues son las más rápidas de solventar y sus consecuencias sobre la economía resultan livianas y breves. He aquí el cuadro con el que iré construyendo mi modelo:

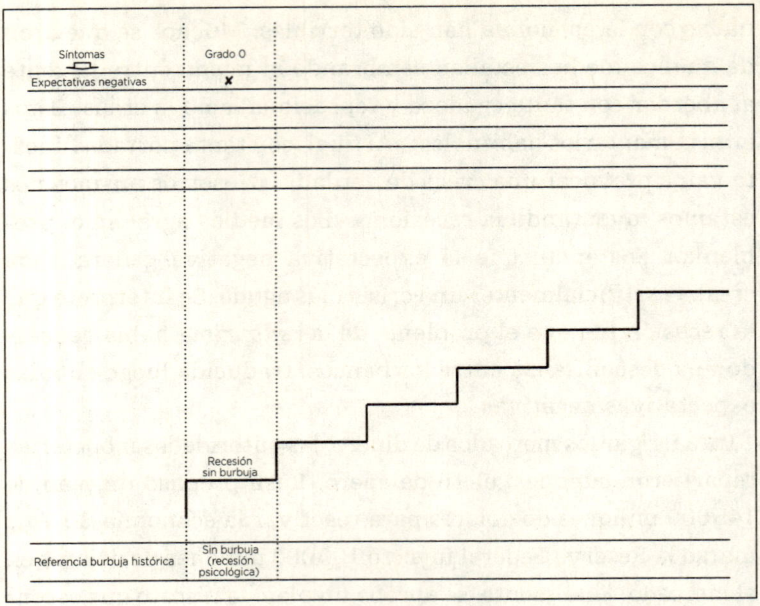

Este segundo cuadro resume los efectos sobre las personas y la economía:

Consecuencias	Grado 0 Recesión sin burbuja
La economía se contrae...	Poco
La gente que se arruina es...	Ninguna
La inflación del bien durante la burbuja es...	Ninguna
La deflación del bien después de la burbuja es...	Ninguna
Se despilfarra dinero destinado a la economía productiva	No
Estrangulación del crédito	No
Quiebras bancarias	No
Paro	Poco
Referencia burbuja histórica	Sin burbuja (recesión psicológica)

El cuadro indica que la economía se ha contraído ligeramente y sólo un breve lapso de tiempo, el que las autoridades monetarias han tardado en reaccionar. El resto de las consecuencias no son graves.

Burbujas de grado 1

Krugman concluye el ejemplo de la cooperativa de canguros en el mismo punto que he hecho. Tras la emisión de cupones, el problema se solventó.

La analogía es válida para entender las recesiones de corte psicológico o derivadas de unas «falsas» o coyunturales expectativas, pero no contiene burbuja alguna. Así que, con el permiso de Paul Krugman, me permito la licencia de modificar su fábula, añadiendo nuevos elementos de cosecha propia para que se asemeje a una burbuja, y así construir mi modelo.

Para simplificar, supondremos que la cooperativa se compone de 10 familias, y que cada una tiene 20 cupones. De las 10 familias, siete son bastante animadas, las llamaremos parejas «juerguistas». Y las otras tres, bastante muermos, las llamaremos «tranquilas». Estamos hablando de una «economía» de 200 cupones en total (20 cupones x 10 familias). La noche de canguro se paga a 1 cupón.

Ésta es la distribución de los cupones:

7 parejas juerguistas, 140 cupones entre todas (20 cada una).
3 parejas tranquilas, 60 cupones entre todas (20 cada una).
Nivel de precios: 1 cupón / noche.

Imaginemos ahora que se celebra en Washington D.C. un festival de cine con unos estrenos interesantes: todo el mundo quiere salir por la noche, por lo que un número elevado de parejas pide canguro.

Los Smith telefonean a los Jones:

—¿Vendríais a ocuparos de nuestros niños? ¡Vamos al festival de cine! —dice Mr. Smith.

—¡Vaya! Íbamos precisamente a llamaros para ver si Kate podía venir a casa esta noche. ¡También vamos al cine! ¡Y pasado mañana al estreno de la última película de Woody Allen! —responde Mrs. Jones.

Estas conversaciones se reproducen entre todas las parejas. Una de las tranquilas, los Scott, tras recibir cinco llamadas de amigos pidiéndoles que hagan de canguro de sus hijos, toma una decisión inteligente, que ejecuta de inmediato:

—Hola, Sandy. Puedo ir a tu casa mañana, pero, ¿sabes?, como también me lo han pedido los Fitzgerald, los Kotter y los Denver, Marc y yo hemos decidido hacer de canguro a quien nos pague 2 cupones por una noche, en lugar de 1.

Sandy accede, pues no tiene más opción. Al cabo de tres días, otra pareja muy tranquila, a quien no le interesa el séptimo arte, se entera de que alguien entregó 2 cupones a los Scott, con lo que decide aumentar el precio un poco más: hasta 3 cupones.

Las tres parejas tranquilas se pasan varias semanas cubriendo las noches de canguro de las siete juerguistas a precios cada vez mayores. La última noche de canguro la pagaron los Kotter a 5 cupones.

Tenemos una pequeña burbuja. El precio se ha disparado de 1 a 5 cupones debido a que la demanda de canguros (siete parejas juerguistas) era significativamente superior a la oferta (tres parejas tranquilas). Las parejas tranquilas se han dejado el sueño haciendo de canguros porque querían aprovechar el tirón para acumular muy deprisa un número elevado de cupones.

Al concluir el festival de cine, ésta es la situación:

7 parejas juerguistas, 2 cupones entre todas.
3 parejas tranquilas, 198 cupones entre todas.
Nivel de precios: 5 cupones / noche.

Vamos ahora con las cuestiones clave:

¿Cómo se ha financiado esta burbuja? Con el *ahorro* de las familias juerguistas.

¿Cuáles son las consecuencias? En primer lugar, *desconfianza*. Las tres parejas tranquilas intuyen que poseen ya casi todos los cupones de la cooperativa, pero no están seguras de cuántos quedan ni en manos de qué pareja están. Todavía reciben alguna llamada de alguna de las siete casi arruinadas familias juerguistas, pidiéndoles una noche de canguro y asegurando que les entregarán los cupones un poco más adelante, pero las parejas tranquilas no se fían. Y hacen bien porque sólo una de ellas tiene 2 cupones.

La segunda consecuencia es que las familias juerguistas se han de poner a trabajar si en el futuro quieren salir. Así lo hacen. Telefonean a las parejas «forradas» de cupones y les preguntan si tienen pensado salir a cenar o al cine próximamente:

—¡Oh, sí, Helen! Como hace tanto que no salimos, nos vamos al teatro pasado mañana.

—¡Qué bien, pues cuenta conmigo para cuidar de tus pequeños!

—¿Cuánto me cobrarías?

—Pues 5 cupones, que fue lo último que pagué yo por un canguro.

—Es que he recibido varias llamadas como la tuya. Hay muchas parejas interesadas en hacer de canguro, de repente. Así que, si quieres, puedes ocuparte de mis niños, pero olvídate de 5 cupones, te daré 3 únicamente.

Los precios se empiezan a derrumbar (la pequeña burbuja se ha pinchado) debido a que ahora la demanda de canguros (las tres parejas tranquilas) es significativamente inferior a la oferta (las siete parejas juerguistas).

Además, a las parejas tranquilas no les gusta demasiado trasnochar y con una noche de distracción a la semana tienen más que suficiente. El ritmo es tan bajo, que las juerguistas se desesperan. ¡A ese paso van a tardar mucho en disponer de un buen número de cupones! En efecto, al cabo de unas semanas, sólo han recuperado unos pocos:

7 parejas juerguistas, 12 cupones entre todas.
3 parejas tranquilas, 188 cupones entre todas.
Nivel de precios: 2 cupones / noche.

Estamos claramente ante una pequeña recesión, esta vez distinta a la del anterior epígrafe, descrita por Krugman. Antes el problema era de expectativas negativas derivadas de unos días de mal tiempo. En este caso, las expectativas son también negativas, pues hay muy pocas oportunidades de hacer de canguro (la demanda se ha contraído), pero el problema se originó en un exceso anterior, el cual ha transferido casi todos los cupones a unos pocos miembros de la cooperativa.

¿Cómo puede solucionarse? Pues del mismo modo que en el caso anterior. Si la dirección reparte una cantidad prudente entre todas las familias de, por ejemplo, 4 cupones, el saldo quedaría así:

7 parejas juerguistas, 40 cupones (4 nuevos x 7 familias = 28 + 12 cupones que les quedaban = 40).

3 parejas tranquilas, 200 cupones (4 nuevos x 3 familias = 12 + 188 cupones de antes = 200).

Nivel de precios: 2 cupones / noche.

Gracias a esta solución, alguna de las parejas juerguistas vuelve a salir, aunque esta vez con más prudencia, para no agotar los cupones tan rápido como antes. El número de canguros por semana ya no depende sólo de las escasas salidas de las tres parejas tranquilas, quienes ya no concentran toda la capacidad de consumo. De algún modo, con esta solución se ha logrado que las juerguistas puedan salir con una comedida regularidad, dándoles tiempo para que, poco a poco, recuperen los cupones acumulados por las tranquilas.

La solución ha sido, de nuevo, una *inyección de liquidez*.

La burbuja de la historia que más se asemeja a esta situación fue la de los tulipanes de Holanda. La considero una burbuja de grado 1, pues el dinero con el cual se especuló provino del ahorro o bien fue un dinero futuro que nunca llegó a desembolsarse. La consecuencia tras el pinchazo fue la ruina de algunas familias holandesas (en nuestro ejemplo, seis familias de Washington también se arruinaron del todo, al quedarse sin cupones). En Holanda hubo también un período de falta de confianza. Los meses posteriores al derrumbe no se sabía a ciencia cierta de quién podía fiarse uno para comerciar o mercadear. Por tanto, al menos en este grado 1, la crisis de confianza se produce en la relación entre consumidores y productores (empresas), y prácticamente no afecta al sistema financiero. La burbuja holandesa no tuvo apenas consecuencias sobre la economía. Y si las hubo, debieron de ser poco importantes, pues hay escasa documentación que pruebe un período de crisis prolongado a partir del 1637.

Podemos añadir un grado más a nuestro modelo:

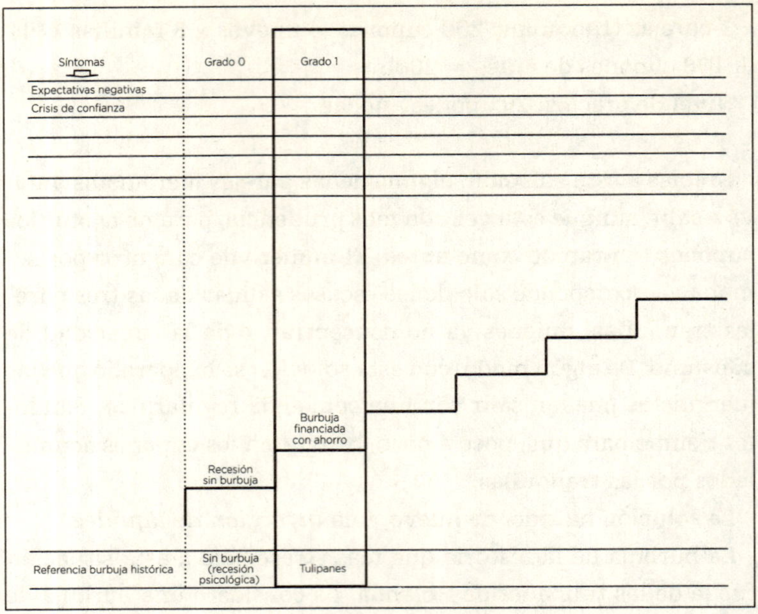

Respecto a los efectos sobre las personas, las empresas y la economía en general:

Consecuencias	Grado 0 Recesión sin burbuja	Grado 1 Burbuja financiada con ahorro
La economía se contrae...	Poco	Algo
La gente que se arruina es...	Ninguna	Poca
La inflación del bien durante la burbuja es...	Ninguna	Media-alta
La deflación del bien después de la burbuja es...	Ninguna	Media-alta
Se despilfarra dinero destinado a la economía productiva	No	No
Estrangulación del crédito	No	No
Quiebras bancarias	No	No
Paro	Poco	Algo
Referencia burbuja histórica	Sin burbuja (recesión psicológica)	Tulipanes

Vemos en el cuadro anterior que la economía se contrae poco y sólo se arruinan quienes se pulen sus ahorros. Lo que los ahorros pueden hacer subir los precios es relativo y, como hemos visto en la cooperativa, en cuanto todo se derrumba, los precios del bien con el que se ha especulado entran en deflación. El resto de las consecuencias no son importantes: no se estrangula el crédito, no se producen quiebras bancarias y la economía real apenas resulta perjudicada.

Burbujas de grado 2

Veamos el siguiente nivel. Retomemos el momento en que las parejas juerguistas se quedaron sin ahorro, justo al concluir el festival de cine. Recordemos que la situación era ésta:

7 parejas juerguistas, 2 cupones entre todas.
3 parejas tranquilas, 198 cupones entre todas.
Nivel de precios: 5 cupones / noche.

Supongamos ahora que, gracias a los festivales de cine, Washington se ha puesto de moda. Se organizan un montón de fiestas divertidísimas y cenas opíparas a las que asiste gente influyente de Nueva York y otros estados. Las parejas juerguistas están muy alteradas, pues no tienen cupones y no pueden perderse las fiestas que se avecinan. Así pues, acuden a los directores de la cooperativa y les piden un buen número de éstos. La noche de canguro estaba en máximos (se cotizaba a 5 cupones), así que para cubrir unas 20 noches de juerga durante los próximos tres meses, les piden 100 cupones cada una.

—¡100 cupones por familia! —exclaman los directores—. ¡Estáis locos!

—No, no, es lo que necesitamos —exclaman las siete parejas juerguistas.

Después de debatirlo, los directores de la cooperativa les dicen:

—De acuerdo, os los daremos, pero con una condición. Tenéis que devolverlos a la cooperativa antes de que acabe el trimestre.

—Hecho, prometemos devolverlos —aceptan entusiasmados los juerguistas.

La situación es ahora ésta:

7 parejas juerguistas, 702 cupones (100 x 7 prestados y 2 de antes).

3 parejas tranquilas, 198 cupones entre todas (los que tenían).

Nivel de precios: 5 cupones / noche.

Durante tres meses, las peticiones volcadas sobre las tres familias «currantes» eran tantas que éstas fueron elevando progresivamente el precio de una noche de canguro. Al cabo de una semana pasó de 5 cupones a 10 cupones. Al cabo de un mes, ¡se pagaba a 20 cupones! Esto sí que ya es una burbuja en toda regla.

Como consecuencia, los cupones que tenían que durar tres meses se agotaron en uno solo. Éstos son los saldos después de 30 días:

7 parejas juerguistas, 5 cupones entre todas.

3 parejas tranquilas, 895 cupones entre todas.

De nuevo los tranquilos se frotan las manos. Están literalmente forrados de cupones y los juerguistas están arruinados. Ahora les van a apretar las tuercas de veras. Tienen todo el poder para marcar el precio. Ofrecerán 1 cupón por noche.

Si ya antes la demanda se contrajo, ahora todavía lo hará más, pues los pocos cupones que, de uno en uno, recuperen las parejas juerguistas deberán guardarlos para devolverlos a la dirección de la cooperativa, tal y como se comprometieron a hacer.

¿Podrán cumplir su palabra? Es fácil saberlo haciendo cuatro números: si una pareja sale una vez por semana y entrega sólo 1 cupón cada vez, entre las tres parejas tranquilas gastarán 3 cupones semanales. Por tanto, en dos meses, los juerguistas sólo habrán recuperado 24 cupones (8 semanas x 3 cupones semanales) de los 700 que han de devolver. No podrán devolverlos. A esto se le llama en la vida real: *morosidad*.

Se puede constatar aquí cuán peligroso es pasar de financiar la especulación con ahorro a financiarla con créditos. Cuando la burbuja pincha y la demanda se contrae, lo poco que ganan los endeudados debe destinarse a la devolución del crédito, con lo que la actividad queda estancada durante mucho más tiempo.

Las consecuencias sobre la *confianza general* y las *expectativas negativas* son mucho peores, pues cuando la dirección de la cooperativa exige el reintegro de los 700 cupones, los juerguistas dicen:

—Lo sentimos de veras. Sólo podemos devolver 24 porque las oportunidades de canguro vienen a cuentagotas. Encima, lo poco que ingresamos no podemos gastarlo, pues todavía tenemos mucho por devolveros.

¿Qué puede hacerse? ¿Funcionaría ahora la solución anterior? ¿Podría la dirección entregar de nuevo más cupones a los juerguistas para que salieran alguna noche y animasen un poco más la demanda?

Pues no.

Porque si a una pareja que todavía debe cerca de 100 cupones, le ofrecen endeudarse en 20 cupones que, lógicamente, también habrá de devolver, se le está obligando a hacer más grande su deuda. Las parejas juerguistas están atrapadas por el crédito, y además no albergan esperanza alguna de que la demanda de canguros vaya a aumentar. ¿Quién en su sano juicio pediría más cupones?

Si aun así la cooperativa insistiera y entregase 20 cupones más a cada una, ¿saben qué harían los juerguistas? Guardarlos para cuando llegase la próxima devolución. Los meterían en una caja y los devolverían después. Las inyecciones de liquidez no llegarían a la economía y, por tanto, no se traducirían en demanda. ¡Se ha inundado de tanto «dinero» a la cooperativa, que cualquier inyección más resultaría estéril! ¡Queremos solucionar que hemos dado demasiados cupones entregando más cupones! ¡Es absurdo!

Esta situación fue diagnosticada durante los años posteriores al crac de 1929 por John Maynard Keynes, y la denominó «la trampa de la liquidez». Una situación en la que el exceso anterior fue tan grande y la demanda se encontraba tan mermada, que cualquier política monetaria (puras y duras inyecciones de liquidez) no se traducía en aumentos de actividad.

¿Cuál es la solución? Lo que Keynes propuso fue que el Estado, principalmente a través de inversiones públicas, aumentara la actividad real. Puso un ejemplo muy claro en uno de sus escritos: decía que si hacía falta, el Estado debía enterrar botellas con dinero en el interior y contratar a obreros para desenterrarlas. Éstos tendrían empleo y recibirían un sueldo (el dinero del interior de la botella). Las políticas keynesianas de gasto público y reducción de impuestos se amparan en la ineficacia de las políticas monetarias cuando un país se encuentra en la trampa de la liquidez.

En nuestro ejemplo, podríamos hacer algo similar: la cooperativa podría ofertar a las parejas ir a cuidar de unos muñecos bebé dispuestos en cunas en las salas de reuniones de los distintos edificios públicos de Washington. Pagarían esos canguros a 4 cupones, en lugar de a 2, que es lo que ofrecen las pocas parejas tranquilas desde su posición dominante.

Como resultado, la demanda de canguros aumentaría, los precios subirían de 2 a 4 cupones, y se podría ir saliendo paulatinamente del atolladero.

Las burbujas de la historia que corresponden a este grado 2 de gravedad son la de los Mares del Sur y la de las *puntocom*. Ambas se financiaron, eminentemente, con el dinero de una expansión monetaria (bancos centrales). En el primer caso, tras un gasto público desorbitado para financiar la guerra de Sucesión; y en el segundo caso, con el dinero que afluyó a Estados Unidos y Europa durante la época de «dinero barato» más larga de la historia de la economía.

El dinero despilfarrado estaba destinado a las empresas y a la economía productiva y, como resultado, el acceso al crédito se vio afectado durante un tiempo.

Avancemos un poco más en nuestro cuadro resumen:

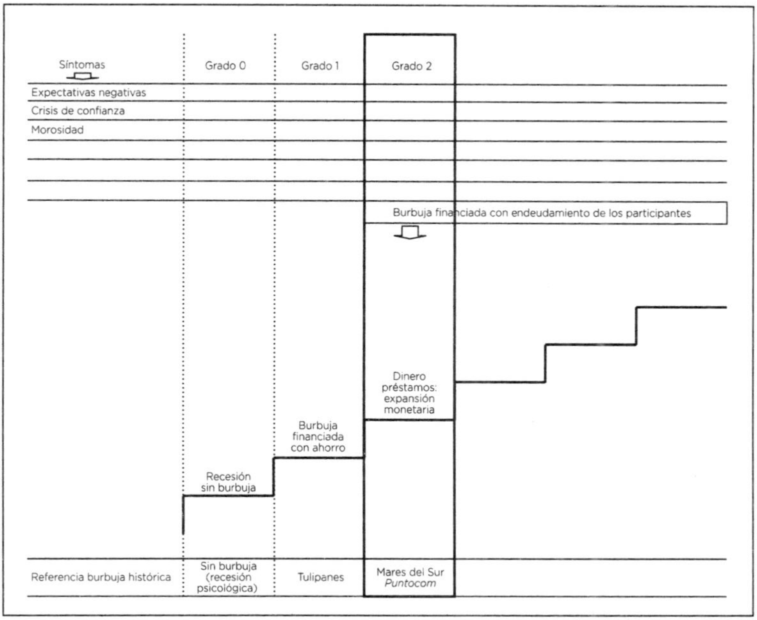

Respecto a las consecuencias sobre las personas y el sistema, la economía se contrae un poco más y durante un período de tiempo que, como fue en el caso de las *puntocom,* puede alargarse uno o dos años. Es también cierto que en el caso de las *puntocom* estábamos al inicio de un período de expansión monetaria sin precedentes y que, contra todo pronóstico, tras el estallido de la burbuja tecnológica los bancos centrales siguieron con una política de tipos de interés bajos que, de algún modo, postergó los efectos de esta burbuja. En cuanto a la gente arruinada, el número fue mayor que en la Holanda de los tulipanes, pues muchos alargaron el brazo más de la cuenta y se quedaron con unos créditos que no pudieron reembolsar, con lo que acabaron perdiendo su patrimonio. La inflación y posterior deflación, tanto del Nasdaq como de las acciones de la Compañía de los Mares del Sur fue más pronunciada que la de los tulipanes: si la burbuja se alimenta de créditos además de ahorro, recibe más dinero, con lo que la subida y la bajada son más acentuadas. La amenaza del paro es mayor, si bien dura dos o tres años, el tiempo que tarde en remontar la economía. He aquí el resumen:

	Grado 0	Grado 1	Grado 2
			Burbuja financiada con endeudamiento especuladores
Consecuencias	Recesión sin burbuja	Burbuja financiada con ahorro	Dinero préstamos: expansión monetaria
La economía se contrae...	Poco	Algo	Bastante
La gente que se arruina es...	Ninguna	Poca	Bastante
La inflación del bien durante la burbuja es...	Ninguna	Media-alta	Alta
La deflación del bien después de la burbuja es...	Ninguna	Media-alta	Alta
Se despilfarra dinero destinado a la economía productiva	No	No	Sí
Estrangulación del crédito	No	No	Media
Quiebras bancarias	No	No	Esporádicas
Paro	Poco	Algo	Bastante
Referencia burbuja histórica	Sin burbuja (recesión psicológica)	Tulipanes	Mares del Sur *Puntocom*

Burbujas de grado 3

La diferencia entre la burbuja de grado 1 y la de grado 2 es que la primera especulación se hizo dilapidando ahorro y la segunda, agotado éste, con dinero prestado.

La diferencia es enorme. En nuestra fábula, la cooperativa (bancos centrales) entregaba los cupones, pero en la vida real son los bancos quienes prestan dinero a la gente. Y ya se sabe que los bancos no prestan su propio dinero, sino que lo obtienen de alguna parte. Así pues, lo que ahora va a diferenciar la burbuja de grado 3 de la de grado 2 es el origen del dinero que los bancos prestan para la especulación.

Los bancos tienden a prestar primero el dinero de los depósitos de sus clientes. Cuando esto no es suficiente y quieren «entregar más cupones», suelen pedirlos al Banco Central de su país (aumento de la masa monetaria). Cuando incluso esto es poco, se dirigen a los bancos de otros países. El orden no es exacto porque se dan las tres políticas a la vez, pero en las burbujas analizadas este orden está en relación con el volumen de endeudamiento alcanzado.

Hemos observado cómo cuando la cooperativa tenía que recuperar los 700 cupones, obtuvo sólo 24, viéndose afectada por la morosidad. El banco que presta dinero para la especulación queda afectado también por la morosidad e, indirectamente, también los bancos internacionales que hayan prestado dinero a ese banco. En otras palabras: el crac se exporta.

La burbuja de grado 3 es más crítica, pues por lo general, cuando un país pide dinero a otros para financiar una burbuja, es porque ésta ha adquirido una importante dimensión. Además, un Banco Central puede transigir con sus entidades financieras para postergar la devolución del dinero (al fin y al cabo son bancos de su país y a las autoridades monetarias no les interesa llevar a la quiebra a sus propios bancos). Pero es distinto cuando los acreedores son bancos de otros países. En otras palabras: si la cooperativa de Washington fuese un banco comercial y hubiese recibido de cooperativas internacionales los 700 cupones que prestó, cuando éstas le exigiesen la devolución y sólo tuviese 24 en su haber, entraría en quiebra. Y si no entra en quiebra porque logra que le aplacen el pago, sus recursos quedarán fuertemente comprometidos: será éste un banco con una incapacidad manifiesta para prestar dinero. Como resultado se *estrangula el crédito* que ha de financiar las Pymes, el consumo y la economía en general. Con ello, se agrava más la crisis. La falta de dinero en la economía es como la ausencia de flujo sanguíneo en el cuerpo humano. Cuando el dinero deja de fluir, se detiene la actividad: la liquidez que debe financiar la actividad real se ha destinado a la especulación.

Estos últimos meses hemos oído a las empresas quejarse de que los bancos les habían cerrado el grifo, y aquellas empresas no vinculadas a la construcción pedían que se fiasen de ellas. El problema no era sólo que los bancos no confiasen en ellas, ¡el problema era que no tenían ya dinero para seguir prestando!

Por fin hemos llegado a la verdadera correa de transmisión que convierte a una especulación financiera en recesión económica: la economía no se hunde porque se hundan las bolsas, sino porque éstas han utilizado, a través del crédito, un dinero que la economía necesitaba para funcionar y que los bancos, víctimas de la morosidad, ahora ya no pueden prestar.

Una burbuja financiada con ahorro es menos peligrosa que otra financiada con créditos. Y las burbujas financiadas con créditos que provienen de creación de papel moneda son a su vez menos graves que las financiadas con dinero extranjero. La burbuja de 1929 se financió, además de con dinero norteamericano, con dinero de la banca internacional. La quiebra de los bancos norteamericanos sacudió a los extranjeros, pues éstos se quedaron sin recuperar el dinero que les habían prestado para que los norteamericanos especulasen en Wall Street. Así queda ahora nuestro modelo:

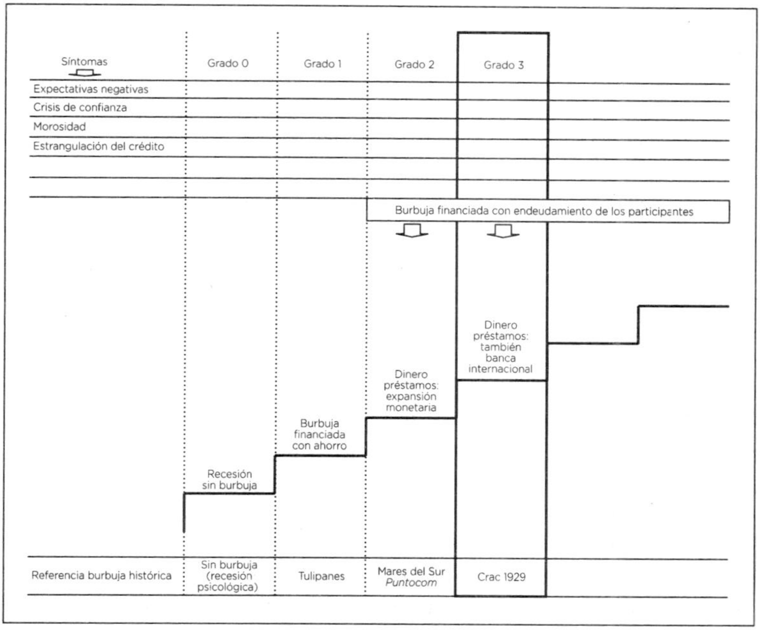

Y ésta es la tabla de consecuencias posteriores:

	Grado 0	Grado 1	Grado 2	Grado 3
			Burbuja financiada con endeudamiento especuladores	
Consecuencias	Recesión sin burbuja	Burbuja financiada con ahorro	Dinero préstamos: expansión monetaria	Dinero préstamos: también banca internacional
La economía se contrae...	Poco	Algo	Bastante	Mucho
La gente que se arruina es...	Ninguna	Poca	Bastante	Mucha
La inflación del bien durante la burbuja es...	Ninguna	Media-alta	Alta	Muy alta
La deflación del bien después de la burbuja es...	Ninguna	Media-alta	Alta	Muy alta
Se despilfarra dinero destinado a la economía productiva	No	No	Sí	Sí
Estrangulación del crédito	No	No	Media	Alta
Quiebras bancarias	No	No	Esporádicas	Frecuentes
Paro	Poco	Algo	Bastante	Mucho
Referencia burbuja histórica	Sin burbuja (recesión psicológica)	Tulipanes	Mares del Sur *Puntocom*	Crac 1929

Burbujas de grado 4

Cuando los bancos son víctima de la morosidad, tratan de tapar este problema sea como sea. Un banco gana dinero recibiéndolo de gente que *confía* en él y prestándolo a personas, empresas o países en las que se puede *confiar*. *Confianza*. Un banco vive gracias a la confianza. Cuando se extienden rumores de que un banco tiene dificultades para recuperar el dinero prestado, el sistema deja de confiar en esa entidad. Un banco en el que nadie confía está en peligro de muerte.

Por tanto, si llega la morosidad, el banco hará lo que sea para ganar tiempo. La solución más habitual es: la pelota.

Recordemos aquella etapa terrible de la infancia en que nos obligaban a comer una carne que detestábamos. Uno de los recursos para aplacar la insistencia del tenedor empuñado por la madre o el padre era el sistema de la pelota. Consistía en ir haciendo una bola de carne masticada a la cual se iban añadiendo los ulteriores pedazos que entraban por nuestra boca. El bolo alimenticio llegaba a adquirir unas dimensiones exorbitantes y alcanzaba un punto en que la única posibilidad era escupir la pelota de carne, bajo riesgo de morir atragantado. Entonces los padres arqueaban las cejas, absortos ante la dimensión de la pelota que se había formado, sin darse cuenta, a escasos centímetros de ellos. El asunto ya no tenía solución: la bola era incomible.

Si las burbujas se financian con dinero prestado, tarde o temprano alguna entidad financiera empieza a tener problemas. Los bancos no quieren incurrir en pérdidas y menos todavía que alguien sospeche de tal eventualidad, así que la primera reacción suele ser renovar el crédito vencido. A alguien que debe 100 000 euros, más 10 000 de intereses, se le concede un nuevo crédito de 110 000 euros. Cuando éste vence, para no declarar la pérdida, se le da otro préstamo por valor de 120 000 euros. Y así sucesivamente.[73]

Esto mismo ha sucedido estos últimos años. Hace ya tiempo que algunos fondos *subprime* registraron problemas, pero éstos se tapaban. El Northern Rock no entró en barrena porque de la noche a la mañana miles y miles de familias no pagasen sus hipotecas. Llevaba mucho tiempo registrando impagos, pero, al igual que muchas otras entidades que después han ido siendo rescatadas,[74] fue tapando el agujero con más créditos. Los bancos re-

73. Es necesario aclarar que la refinanciación de la morosidad puede darse con dinero proveniente de los ahorros, del endeudamiento con los bancos centrales o del endeudamiento con bancos extranjeros.

74. Fannie Mae, Freddie Mac, Northern Rock, Bear Sterns y un largo etcétera de instituciones financieras.

financiaban la morosidad. Se trataba de no reconocer la pérdida antes que los demás y a la vez ganar tiempo para ver si el asunto remontaba. Claro, ya se ha agotado el ahorro que podía prestarse, también el dinero que los bancos centrales han inyectado fruto de una política monetaria expansiva y lo mismo el ahorro extranjero. Sólo queda pedir dinero a los marcianos y, a día de hoy, esto no es posible. En el momento en que el sistema financiero internacional limitó las renovaciones de crédito, todo se vino abajo como un castillo de naipes y se produjo un *colapso del sistema financiero.*

Esto explica por qué los cracs financieros son tan bruscos. Mientras la carne va entrando en la boca del niño, pensamos que todo va bien. Cuando la bola inmensa de carne ahoga al niño, éste la escupe con la potencia de un mortero.

Las burbujas de grado 4 son iguales a las de grado 3 pero añadiendo la refinanciación de la morosidad. Una de las características de la refinanciación del impago es que durante un tiempo las parejas van devolviendo los cupones prestados, pero no se registran canguros, el único modo válido de recuperarlos. Es como un automóvil al que se le ha terminado la gasolina, pero sigue avanzando porque todavía lleva inercia. La única prueba de su inminente parada es la desaceleración del vehículo. Del mismo modo, durante unos meses del 2007 la morosidad era baja, pero se registraba ya una clara desaceleración del mercado inmobiliario y de la construcción en Estados Unidos. Fueron síntomas de que la pelota de carne pronto iba a ser expulsada de la boca. Por eso afirmé en páginas anteriores que los avisos de un crac financiero están en realidad en la economía, en la actividad real, y no en el propio mercado financiero. Si quiere saber cuándo una burbuja está próxima a pinchar, busque pistas en la economía real porque en la financiera no las encontrará. Mientras fabrica la bola de carne, el niño parece bueno. En los mercados financieros, mientras los bancos mastican y no escupen, también parecen buenos chicos.

Así queda nuestro modelo:

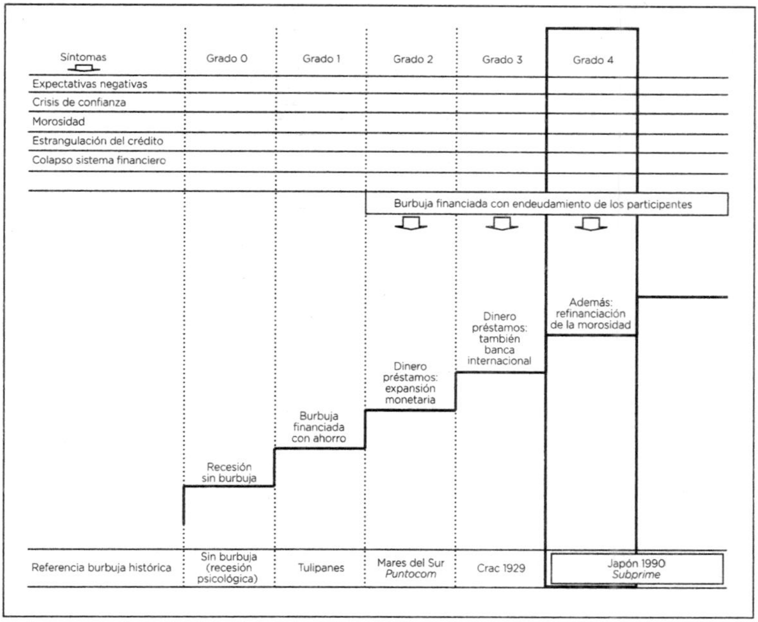

Y las consecuencias:

Consecuencias	Grado 0	Grado 1	Grado 2	Grado 3	Grado 4
			Burbuja financiada con endeudamiento especuladores		
	Recesión sin burbuja	Burbuja financiada con ahorro	Dinero préstamos: expansión monetaria	Dinero préstamos: también banca internacional	Además refinanciación de la morosidad
La economía se contrae...	Poco	Algo	Bastante	Mucho	Mucho
La gente que se arruina es...	Ninguna	Poca	Bastante	Mucha	Mucha
La inflación del bien durante la burbuja es...	Ninguna	Media-alta	Alta	Muy alta	Muy alta
La deflación del bien después de la burbuja es...	Ninguna	Media-alta	Alta	Muy alta	Muy alta
Se despilfarra dinero destinado a la economía productiva	No	No	Sí	Sí	Sí
Estrangulación del crédito	No	No	Media	Alta	Muy alta
Quiebras bancarias	No	No	Esporádicas	Frecuentes	Seguras
Paro	Poco	Algo	Bastante	Mucho	Mucho
Referencia burbuja histórica	Sin burbuja (recesión psicológica)	Tulipanes	Mares del Sur *Puntocom*	Crac 1929	Japón 1990 *Subprime*

Las quiebras bancarias están casi aseguradas y los gobiernos han de rescatar entidades financieras con dinero público (¡dinero de nuestros impuestos!) para evitar que los clientes de estas entidades pierdan sus ahorros y se desate una revuelta popular.

En este grado 4, la burbuja no es un juego infantil, no es una euforia de unos cuantos, no es un exceso acotado a una región que arriesga los ahorros de quienes participan de la bacanal: cuando las burbujas se hacen demasiado grandes y se financian con préstamos, el síndrome se propaga como una pandemia, atacando a los inocentes.

Corre por Internet[75] un gag británico acerca de un periodista y un financiero que hablan de la crisis *subprime*. En un momento dado, el financiero dice algo así como: «Si tienes que hacer un desfalco, hazlo bien grande porque así el gobierno acudirá en tu rescate».

75. *Fuente:* http://www.youtube.com/watch?v=pfmyIfksi1q

Viejo es el dicho: «Si no puedes devolver 3000 euros al banco, tienes un problema, pero si no puedes devolver 100 millones de euros, es el banco quien tiene el problema».

Cuando el sistema financiero de uno o varios países financia una burbuja especulativa excesivamente grande, el problema va más allá de la recesión económica y la falta de crédito. Estamos hablando de posibles quiebras de entidades donde está depositado el ahorro de los ciudadanos. Es entonces cuando los gobiernos intervienen con el dinero público. No pueden permitir que cunda el pánico.

¡Bienvenidos al capitalismo de beneficios privados y pérdidas públicas! Pero ¿esto qué es? Así yo también juego: especulo con el dinero de otros, si me sale bien todo el beneficio es para mí. Si me sale mal, la repercusión social puede ser tan grave que el gobierno absorberá parte de las pérdidas. ¡Estamos hablando de nuestros impuestos! Creo que ahora queda bastante claro por qué las inyecciones de liquidez que se han hecho a la banca no se traducen en créditos nuevos. La banca se defiende y argumenta que sí otorga créditos. Es cierto, pero en su mayoría son renovaciones de créditos anteriores.

Me preguntaron hace poco en una tertulia si yo hubiese votado el Plan de Rescate de la Reserva Federal. Mi respuesta fue que, moralmente, no. Pero, en términos prácticos, sí. De no actuar con el dinero público, el problema sería mayor. Había que evitar ver a la gente haciendo cola para retirar su dinero de los bancos. Hay padres desesperados que se ven obligados a administrar narcóticos a sus hijos drogadictos. Es patético que la sobredosis monetaria nos obligue a llegar a estos extremos. Es lamentable que aceptemos como un mal menor la utilización del dinero público para evitar que la crisis financiera no cause un cataclismo. Y, sobre todo, es una profunda injusticia.

Burbujas de grado 5

¿Acaso falta algo más? Ya hemos abocado en la burbuja el dinero de los ahorros, el de los bancos centrales, el de la banca internacional y el necesario para refinanciar la morosidad. ¿Qué falta para que una burbuja sea más grave?

Lo último que falta introducir en la ecuación es el objeto sobre el cual se ha especulado. Cuando en una burbuja se intercambian contratos de futuros de tulipanes o acciones de Terra o de la Compañía de los Mares del Sur o de los *trusts* de Wall Street, estamos especulando con un objeto cuya producción no genera demasiado empleo.

Pero cuando el objeto de la especulación es un bien real y tangible como son los pisos (actividad que tira de muchos otros sectores) o cualquier otro bien que repercuta de manera importante en la actividad real, las consecuencias del pinchazo son mucho más graves. ¿Por qué?

En primer lugar porque el número de personas que participan de la burbuja suele ser mucho mayor. Si se especula con acciones, participan algunos núcleos de población, pero cuando se especula con bienes de primera necesidad (la vivienda lo es), el número de participantes, y, por ende, el volumen de la burbuja, es sustancialmente mayor.

En segundo lugar porque como el objeto con el que se transacciona debe «fabricarse», durante la burbuja se genera empleo, beneficios empresariales, crecimiento económico, etcétera. ¿He dicho crecimiento económico? ¿No es eso positivo? Sí lo es, mientras dure la burbuja. Pero cuando se derrumbe, el número de personas afectadas va a ser mucho mayor. Una *contracción aguda de una actividad* motor tan relevante como la construcción tiene consecuencias devastadoras sobre el empleo y los sectores vinculados a tal actividad.

Además, las viviendas tienen la característica de que actúan como garantía de posibles préstamos para otros menesteres: renovación del coche, financiación de las vacaciones, adelanto del consumo, compras a plazo...

En la burbuja *subprime* hemos visto cómo los préstamos al consumo sobre la garantía de unas viviendas sobrevaloradas produjeron también un crecimiento de sectores no relacionados con la construcción, pero lo que se hizo en realidad fue adelantar un consumo de años posteriores. Como resultado, la contracción de la demanda también se ceba ya no sólo en la construcción, sino en el consumo, en general.

Por si fuera poco, cuando la economía se estimula más de la cuenta con dinero prestado, las empresas y gobiernos se hacen una falsa composición de lugar: creyendo que el aumento de la demanda va a mantenerse constante, incurren en importantes cambios estructurales que luego no pueden deshacer así como así (contratación de gente, políticas de inmigración, acometida de inversiones, etcétera). Dan por hecho que la demanda seguirá fuerte, ignorando que proviene de más dinero en circulación y no de un mayor número de clientes: un exceso de demanda desbocado y financiado con endeudamiento se convierte en una falsa expectativa de crecimiento continuado. Al haber incurrido en fuertes inversiones, las empresas entran más rápidamente en pérdidas. El resto de las consecuencias son ya fáciles de imaginar: un círculo vicioso donde la rápida contracción de la demanda reduce las ventas de las empresas, lo que se traduce en ajustes de plantilla. Más gente en paro supone ingresos familiares más bajos. Las familias reducirán su gasto mensual, el consumo, lo que de nuevo repercutirá sobre las empresas, y así sucesivamente.

Está muy bien crecer y que la gente se endeude un poco para estimular la economía, pero cuando esto se lleva a niveles desorbitados, el pan de hoy se convierte en hambre de mañana.

Resumen: en este último grado 5 se acumulan los problemas de todos los anteriores: el ahorro se ha dilapidado; los préstamos han llegado a máximos y los bancos no pueden prestar más, estrangulando el acceso al crédito; se producen quiebras bancarias y rescates de entidades financieras que no pueden devolver el dinero prestado por países extranjeros; la refinanciación ha hecho la pelota más grande; se derrumba la construcción, sector vital para el empleo y la actividad y, para colmo, como se ha adelantado consumo de años venideros con dinero prestado, todos los sectores sufren. Hay que devolver el dinero de todo lo consumido y comprado (y encima, a precios exorbitantes) con los sueldos que no habíamos ingresado. Las burbujas que tienen las características de grado 5 son las de Japón de 1990 (se cebó en el inmobiliario) y la burbuja *subprime* de la primera década del 2000.

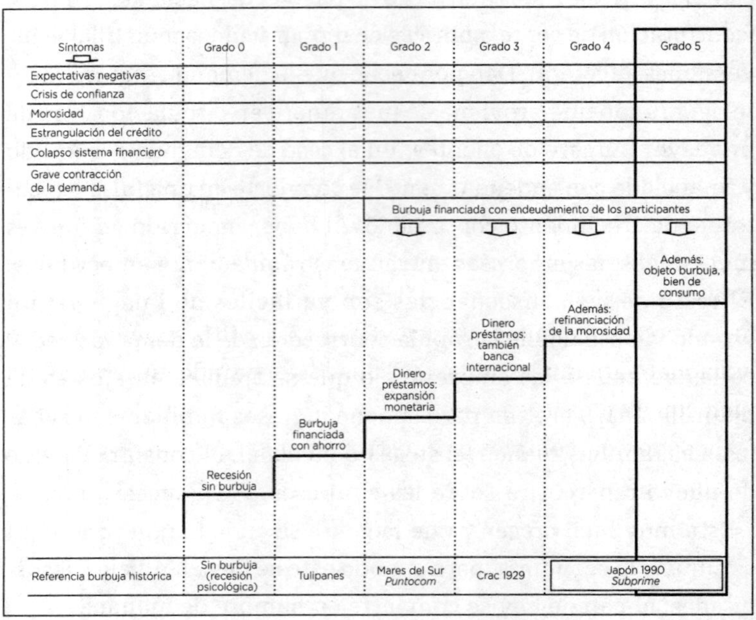

No he querido valorar la burbuja inmobiliaria española hasta llegar a este punto. ¿En cuál de estos grados se ubica nuestra burbuja de la construcción?

Apliquemos el modelo.

¿Se financió con créditos? Sí.

¿Tanto de bancos centrales como de la banca exterior? Afirmativo.

¿Hubo refinanciación de las constructoras y promotoras? También.

¿El bien con el que se especuló pertenece a la economía real? Sí, y además tira de muchos otros sectores y de él proviene el 50% del crecimiento de los últimos años.

¿Se concedieron créditos al consumo con la vivienda como garantía? Sí.

Las respuestas son afirmativas en todos los casos.

Ahora puede valorarse la recesión española que acaba de empezar. También podemos comprobar que la falta de confianza y las expectativas negativas de las que hablan los periódicos son sólo una parte más de nuestro problema, pero no la raíz del mismo. Lamentablemente, se han juntado todos los problemas: confianza, expectativas, endeudamiento para financiar una burbuja, estrangulación del crédito como resultado de la morosidad, compromisos importantes con la banca internacional, contracción de la actividad en un sector clave para España y endeudamiento adicional para un consumo anticipado, amparado en el valor del bien con el que se especuló.

Ya podemos completar nuestro modelo, colocando nuestra crisis:

Inmobiliario español 2008

Consecuencias	Grado 0	Grado 1	Grado 2	Grado 3	Grado 4	Grado 5
			Burbuja financiada con endeudamiento especuladores			
	Recesión sin burbuja	Burbuja financiada con ahorro	Dinero préstamos: expansión monetaria	Dinero préstamos: también banca internacional	Además refinanciación de la morosidad	Además objeto burbuja bien de consumo
La economía se contrae...	Poco	Algo	Bastante	Mucho	Mucho	Gravemente
La gente que se arruina es...	Ninguna	Poca	Bastante	Mucha	Mucha	Muchísima
La inflación del bien durante la burbuja es...	Ninguna	Media-alta	Alta	Muy alta	Muy alta	Muy alta
La deflación del bien después de la burbuja es...	Ninguna	Media-alta	Alta	Muy alta	Muy alta	Muy alta
Se despilfarra dinero destinado a la economía productiva	No	No	Sí	Sí	Sí	Sí
Estrangulación del crédito	No	No	Media	Alta	Muy alta	Muy alta
Quiebras bancarias	No	No	Esporádicas	Frecuentes	Seguras	Seguras
Paro	Poco	Algo	Bastante	Mucho	Mucho	Generalizado
Referencia burbuja histórica	Sin burbuja (recesión psicológica)	Tulipanes	Mares del Sur *Puntocom*	Crac 1929	Japón 1990 *Subprime*	

Podemos constatar que, de todas las consecuencias que otras burbujas similares han padecido, como fue el caso de Japón, varias ya han aparecido en nuestro país: la contracción brusca de la economía en todos sus sectores sin casi distinción; ruinas de algunas familias adineradas y promotores inmobiliarios; una inflación enorme de los pisos y una posterior deflación, de momento incipiente; una estrangulación del crédito generalizada y una aceleración del paro. La única consecuencia no observada es la de quiebras bancarias o necesidad de rescates a entidades financieras, como ha sido el caso de algunos países europeos. Los rescates no se han hecho de modo directo, pero sí indirectamente a través de la compra de activos que el gobierno ha ofrecido a la banca para el saneamiento de sus balances.[76]

76. Es cierto que nuestro sistema financiero es más sólido en cuanto a reservas y coeficientes de caja, pero hay que tener en cuenta que la financia-

Que quede claro que no hago una previsión temporal sobre el final de la crisis. Tampoco puedo predecir si algún banco español va a quebrar. Me limito a situar, en función de sus características, la burbuja inmobiliaria española en una clasificación de burbujas históricas. Que cada cual extraiga sus conclusiones y haga sus propias predicciones.

Adicionalmente, este modelo servirá para que cualquiera pueda calibrar, si en lo sucesivo se ve inmerso en una burbuja, si las consecuencias del síndrome del Necio se van a restringir a quienes lo contraen o bien tienen probabilidades de expandirse a otras personas, sectores y países, y en qué grado. Es preciso aclarar que el que una burbuja tenga como objeto un bien conectado con la economía real puede ocurrir en cualesquiera de los grados anteriores.

---

ción internacional de nuestra burbuja inmobiliaria requiere unas devoluciones cuyos vencimientos más importantes están previstos a partir del 2009 y 2010. Es de esperar que la banca internacional los renueve, si no alguna entidad tendría que ser rescatada. (Justo hoy, mientras corregía por última vez las galeradas de este libro, el Banco de España ha comunicado la intervención de la Caja de Castilla La Mancha.)

Ocho. Cinco grandes preguntas

Aunque todas las posibles preguntas de la ciencia recibiesen respuesta, ni siquiera rozarían los verdaderos problemas de nuestra vida.

LUDWIG WITTGENSTEIN

En este último capítulo responderemos a cinco importantes preguntas, en relación al futuro más próximo. ¿Adónde ha ido a parar el dinero de la especulación? ¿Qué supondrá esta crisis? ¿Cuándo acabará? ¿Dónde están las responsabilidades? Y ¿qué hemos aprendido? Vayamos con la primera:

¿Adónde ha ido a parar el dinero de la especulación?

Algo que mucha gente se pregunta es: «¿Dónde está el dinero?».

Es fundamental distinguir entre dos tipos de pérdidas que se producen tras el estallido de una burbuja. Cuando se afirma, por ejemplo, que se han esfumado equis millones de euros por la bajada de la bolsa, no significa que *todo ese dinero* haya ido efectivamente a parar a alguien. Una cosa es la pérdida de valor de un bien y otra distinta, el dinero perdido que efectivamente se invirtió. Esto se aprecia con claridad en la burbuja de los tulipanes. Si yo pago 20 florines de paga y señal por un bulbo que se cotiza a 200 y luego el precio se desploma a 0 florines, ¿cuánto he perdido: 200 o 20 florines? Sólo entregué 20 florines de paga y señal que, al convertirse en una opción, es lo único que he perdido. Ahora bien, en términos de patrimonio, tenía el derecho sobre un bien que cotizaba a 200 florines y que ahora cotiza a 0. Un artículo de prensa cifraría mi pérdida patrimonial en 200 florines. Eso mismo pasa en la bolsa o con el inmobiliario. Cuando la bolsa baja un 40% ése es el valor patrimonial perdido, pero no representa en absoluto el dinero verdaderamente transaccionado. Cuando se dijo que el palacio imperial de Tokio valía más que todo el Estado de California, nadie pagó esa cifra, sino que se obtenía de aplicar el precio del metro cuadrado más caro de la capital nipona a los metros cuadrados que ocupa el palacio.

La conclusión es que en los pinchazos de las burbujas se producen caídas en el valor de los bienes (se reduce la sensación de riqueza) que no necesariamente van a parar a otras manos. Estamos ante una simple evaporación de un dinero teórico. Si el piso de su vecino del 3.º 1.ª se vendió por 600 000 euros, usted pensaba que tenía ese dinero en forma de vivienda. Cuando, tras el crac inmobiliario, el del 5.º 2.ª lo vende por 400 000 euros, usted no ha perdido 200 000 euros de su cuenta corriente, sino de su valor patrimonial. Son pérdidas «teóricas» (por así decirlo), pues a usted nunca le habían ingresado ese dinero en la cuenta.

Hecha esta aclaración, eso no significa que al final de las burbujas no exista una cantidad importante de dinero que haya pasado de unas manos a otras. Al pinchar la burbuja de los tulipanes, todas las personas que entregaron pagas y señales y no pudieron revender los contratos futuros perdieron efectivamente su dinero. Por tanto, la pregunta es: ¿qué pasa con el dinero efectivo entregado por los participantes en una especulación cuando ésta termina?

Si bien hay muchas diferencias entre las estructuras piramidales y las burbujas, sus efectos sobre el reparto del dinero son ciertamente parecidos. Uno no puede poner en marcha una pirámide si el dinero no está primero bien diseminado entre muchas personas. Cuando la estructura piramidal se derrumba, el dinero se ha redistribuido, concentrándose en la parte alta de la pirámide (los promotores y primeros participantes) y esfumándose de las manos de los últimos participantes de la misma.

Algo parecido sucede después de una burbuja. En la cooperativa de canguros esto se ve muy claro: al final de cada crac, las tres parejas tranquilas concentraban la mayoría de los cupones. En la burbuja de grado 1, los cupones del ahorro; y en las siguientes, además, el de los créditos, fuera cual fuese su procedencia, que los juerguistas habían solicitado. Resumen: al término de una burbuja, los saldos finales de liquidez se concentran en un porcentaje menor de población. No puede ser de otro modo, pues si no la burbuja continuaría. Cuando las burbujas y las pirámides estallan el dinero se ha redistribuido, concentrándose en unos cuantos. En el caso de la burbuja inmobiliaria y de la crisis de las hipotecas *subprime*, está claro que el dinero lo recibieron quienes intervinieron en el sector inmobiliario y salieron a tiempo. También lo recibieron en forma de beneficios las empresas que durante todos estos años han disfrutado del tirón de la demanda financiado con créditos.

Año tras año, los sindicatos examinan cómo se redistribuye el Producto Interior Bruto entre rentas del capital y rentas del trabajo. Es un modo de comprobar si el conjunto de las políticas económicas de un país han protegido adecuadamente a los trabajadores. Estos últimos años se ha producido un trasvase hacia el capital en detrimento del trabajo. El motivo, diferente a otros momentos de la Historia, no ha sido un abuso de los derechos sociales, sino el que nos hayamos endeudado fuertemente y hayamos gastado los ingresos de años venideros. Si pedimos créditos y los gastamos, las empresas facturan más y ganan más dinero. Este dinero proviene de los sueldos de años venideros. Como resultado, habremos transferido una gran cantidad de nóminas futuras a beneficios actuales de las empresas.

Esta concentración rápida de dinero en manos de un pequeño porcentaje de población (sea empresas o particulares) se ha vuelto ahora contra esta minoría. Las empresas necesitan de una demanda continuada para producir bienes y servicios: no viven del dinero, sino de seguir funcionando. A menudo confundimos el dinero con la riqueza. Un país fuertemente endeudado es un país con su demanda mermada. Al igual que con el crac de 1929, incluso quienes lograron ganar mucho dinero con aquella fiebre se vieron luego envueltos por la Gran Depresión. En un mundo tan interrelacionado como el nuestro, realizar un beneficio rápido a costa de otros sirve, pero también tiene un coste.

¿Qué supondrá la crisis mientras no se solvente?

Las cosas, por su nombre: lo primero, sufrimiento: los que se queden sin empleo, los que sean embargados, los que especularon y no salieron a tiempo... Lo he dicho antes: nos comimos parte del pan del mañana, y eso implica hambre de hoy. Las recesiones suponen una reducción del nivel general de la actividad, con lo que la riqueza per cápita se reducirá.

La evolución del desempleo está siendo preocupante. No quiero ser agorero, pero la realidad es que la evolución de la tasa de paro tiene un comportamiento peculiar. Cada vez que la tasa de desempleo ha cambiado de signo, para bien o para mal, el asunto no suele ser coyuntural, tanto en España como en el resto de los países de Europa. Cuando el paro empieza a disminuir lo hace durante varios años, y cuando aumenta, también: es un fenómeno de grandes inercias, tanto para construir empleo como para destruirlo. ¿Debemos preocuparnos con el reciente cambio de tendencia? Desde las instituciones se nos dice que esto es transitorio. Sin embargo, si hemos de ser fieles a la Historia, tras un cambio de tendencia, las subidas y bajadas de la tasa de desempleo suelen ser largas. Cuando cambia el signo de la tendencia del paro no acostumbra a ser coyuntural.

Habrá diferentes niveles de sufrimiento. Hay personas mejor cubiertas que otras; los niveles de endeudamiento también varían mucho según la edad o capa social. No podemos asustar a la gente afirmando que todo el mundo va a sufrir, pero tampoco esconder que algunos lo van a pasar mal.

La segunda repercusión es que hay que volver a trabajar duro. Algunas personas han estado viviendo del acceso fácil al dinero. Se ha acabado comprar para revender como forma de hacer dinero. Una de las consecuencias del final de las especulaciones es que la única forma de ganar dinero es mediante un trabajo que añada valor. No afirmo que una inmobiliaria no lo añada, que nadie se llame a engaño. Lo que digo es que las compras apalancadas de viviendas con la intención de su reventa, incluso antes de finalizar la obra, se han acabado. Las actividades que más riqueza producirán serán las productivas o aquéllas destinadas a mejorar la eficiencia y productividad del trabajo.

La tercera repercusión es que dejaremos de vivir con dinero prestado. Los países que han experimentado burbujas inmobiliarias habrán de destinar una parte importante de la renta disponible a devolver el dinero volcado por la banca extranjera en sus economías. Al igual que las parejas juerguistas, les toca ya devolver los cupones. Para ello, habrán de apartarlos de lo que ganan cada mes con la nómina, quien todavía la conserve.

Otro efecto será un nuevo marco regulador. Después de debacles como la vivida, los organismos reguladores se ponen las pilas. Como no pueden quedarse de brazos cruzados, instauran nuevas medidas de control sobre los mercados y agentes financieros. No deberían ya preocuparse tanto, pues no hay mejor controlador que un inversor escaldado. Véndale ahora a cualquiera unos activos colaterales. Volveremos a medir bien los riesgos, se acabó lo de pedir prestado para invertir en mecanismos que no comprendemos. Los reguladores se pondrán más firmes cuando menos falta hace. Esa regulación proactiva y la mayor intolerancia que ahora vamos a presenciar deberían guardársela para cuando dentro de unos años se instaure de nuevo la confianza y la prosperidad. La labor de los reguladores es fundamental en épocas de bonanza y menos crítica tras el estallido de las burbujas.

Regresaremos a los tiempos en que, por escaso, el dinero volverá a apreciarse de nuevo. Valoraremos lo poco o mucho que tengamos. Recuerdo un encuentro de directivos vinculados a la construcción que tuvo lugar en el año 2004, antes del pinchazo de la burbuja. En un momento dado, durante un receso, me acerqué a un grupo de jóvenes directivos que pertenecían a una inmobiliaria y apenas tenían experiencia o recorrido en el mundo de los negocios. Durante la conversación surgían referencias a empresas interesantes para ofrecer servicios residenciales en sus grandes urbanizaciones. Por cada empresa mencionada, uno de ellos decía: «¡Cómprala!». El resto reía. Se referían a otra empresa y otro volvía a decir: «¡Cómprala!». Y reían otra vez. Hablaban del dinero como si no costase esfuerzo obtenerlo, como si no representase nada, como si fueran simples papelitos que regalaban a su organización por ser unos elegidos, por ser especiales. El dinero no tenía valor para ellos.

Muchos japoneses piensan que fue una fatalidad que la política monetaria expansiva coincidiese con la incorporación de un elevado número de jóvenes nipones del *baby boom* de los sesenta al mercado laboral. Aseguran en Japón que era una generación consentida que no había vivido ni sufrido la carestía y la dificultad. Algo parecido ha pasado en los países que han sufrido esta burbuja inmobiliaria. Pensemos que muchos de los directivos que hoy tienen 40 años, están al frente de empresas importantes y ocupan cargos relevantes no han vivido nunca una crisis económica. Llevamos 14 años de crecimiento continuado. Se ha instalado en mucha gente, ya madura hoy, la creencia de que la crisis es algo erradicado de la vida, que no existe, que ese dinero al que se coreaba: «¡Cómpralo!» va a chorrear de nuevo por el espléndido grifo del cual estuvo brotando tanto tiempo. Creen que la crisis será cosa de unos meses, que hemos tocado fondo porque las recesiones se capean en un año, a lo sumo.

Por eso, una de las ventajas de las crisis es una recuperación de los valores esenciales. Volveremos a valorar lo importante: el tiempo, la calma, el trabajo, el riesgo, el dinero, el ahorro, la cautela para endeudarse. He constatado una curiosa relación entre la velocidad del dinero y la velocidad con la que vivimos. Cuando el dinero corre, se instala una ansiedad y estrés fenomenales entre la gente. Hay que darse prisa para no quedarse atrás. Estos últimos años vivir se había tornado ciertamente agobiante. A nadie le gusta la crisis, pero nos convenía aflojar un poco este endiablado ritmo que, en buena medida, respondía a la apremiante necesidad de capturar una parte del pastel del crecimiento desbordado, basado en el crédito.

Recientemente se ha hablado mucho de que este cataclismo es el principio del fin del capitalismo o, cuando menos, se va a proceder a su refundación. Algunas de las personas que lean este libro podrán quedarse con la sensación de que el sistema financiero es un modo de expolio. No es cierto. No debemos confundir la herramienta con la forma de utilizarla. Un cuchillo sirve para cortar pan, pero también podemos utilizarlo para matar a una persona. Eso no hace desdeñable al cuchillo, sino a la persona y su intención. Las herramientas son neutras, somos las personas las que hacemos un buen o mal uso de ellas. Todas las herramientas expuestas en este libro y que han creado burbujas son eficientes cuando se hace un uso adecuado de las mismas. Son instrumentos para la financiación de las empresas y del crecimiento, para la dilución de los riesgos. El problema no son estos instrumentos, sino la falta de formación o cautela de quienes los utilizan para especular sin saberlo, así como la falta de control y regulación por parte de quienes deben velar por su buen uso.

El problema tampoco es el dinero, que es un gran invento. Es un modo de intercambio y un depósito de valor. Las monedas eran originariamente de oro. Como resultaba muy tedioso y pesarlas en cada intercambio era una pérdida de tiempo, se pensó en una solución: un rey o un emperador estamparía su rúbrica en ellas, garantizando su peso. Las monedas se acuñaron con el fin de evitar estos inconvenientes cada vez que se adquiría algo. Después se hicieron de cobre, manteniéndose su paridad con una cantidad determinada de oro. Por último, se las dejó fluir libremente, con independencia del oro depositado en las arcas de una nación. El dinero sirve para intercambiar, invertir, comprar, etcétera. Aunque erradicásemos el dinero del mundo, aparecería otra cosa en su lugar que acabaría teniendo la misma función. Sin ir más lejos, en los campos de concentración de la Segunda Guerra Mundial, los cigarrillos se utilizaban entre los prisioneros, desprovistos de monedas y billetes, para intercambiar productos. Incluso quienes no fumaban tenían cigarrillos, pues servían para comprar cosas en el interior de los campos de prisioneros.

El dinero no es la causa de nuestros problemas, sino la necedad de quienes lo utilizamos. Ataquemos el síndrome del Necio y no las libertades, que son la mayor de las garantías que podemos gozar. El problema de las burbujas no proviene de la ausencia de regulación, sino de una regulación mal hecha, así como del conjunto de males que he descrito y unos cuantos responsables que enseguida especificaré.

Se está hablando estos días de la refundación del capitalismo. Lo que se debería refundar son los valores y la educación de las personas. Y erradicar la ambición desmedida, la envidia y la gula sin fin. Lo que falta es sensatez, una justa valoración de los riesgos y una adecuada contención de las ganas de gastar lo que todavía no tenemos. Es mejor enseñar a la gente a no ser necios que no acabar con unas libertades que tanto esfuerzo nos ha costado forjar. Poner unos pocos a decidir cómo ha de vivir el resto es más peligroso que dejar que la gente se estrelle. Por lo menos, estrellándose se aprende y se evoluciona. Lo demás es vivir bajo la tutela de terceros que decidirán motu proprio qué es lo que más nos conviene a los demás.

Sin embargo, no todo empieza y acaba en la educación: es también necesario acabar con algunos mecanismos perversos de nuestro sistema financiero que no hacen sino incentivar la toma de riesgos excesivos y que en las siguientes páginas enumeraré.

¿Cuánto durará la crisis?

Ésta es la pregunta más habitual. Todo el mundo quiere saber cuándo acabará la recesión. Antes de intentar responder, reflexionemos brevemente qué se esconde detrás de esta pregunta. Cuando alguien pregunta: «¿cuándo acabará la crisis?», implícitamente quiere saber cuándo volveremos a la situación de elevado crecimiento anterior. Lo que deseamos es recuperar el formidable volumen de estos años pasados. Si ésta es verdaderamente la pregunta, mi respuesta a cuándo acabará la crisis es: «nunca». Es decir, que nadie espere regresar en un corto plazo a los niveles de esta última década. Eran unos niveles artificiales de consumo y crecimiento que la burbuja financiera e inmobiliaria financió. Se tardará muchos años en volver a vivir una situación así. Por tanto, debemos hacernos a la idea de que los volúmenes de negocio y la capacidad productiva del país van a parecerse más a los niveles de 1990-1991, y no tanto a los de 2005-2006.

La segunda verdad que se esconde tras el interés en saber la fecha del final de este túnel es, en algunos casos, una oculta intención de no ponerse a trabajar duro para erradicar la crisis. Es como un «dígame cuándo acabará de llover para poder salir a labrar el campo». No debemos preguntarnos cuándo llegará el final de la crisis, sino que debemos ponernos a luchar contra ella con todas nuestras fuerzas e ilusión. Nos toca labrar en plena tempestad. Olvidémonos de si la crisis acabará en el segundo semestre del 2009, del 2010 o del 2020. Trabajemos, emprendamos, exportemos, hagamos cosas, no nos crucemos de brazos, busquémonos la vida como profesionales y como nación. El final de la crisis llegará cuando no nos demos cuenta. La constatación del final de una recesión es parecida a su llegada. Uno no se percata hasta que la tiene encima. El indicador de que estamos en la buena senda será que ya no preguntemos sobre el final de la crisis. Cuando ya nadie hable de la crisis, empezaremos a salir de la misma.

Dicho lo anterior, como algunos lectores querrán que me defina, responderé que habrá varios tempos. Estamos ante una crisis inmobiliaria, financiera y económica. Las tres crisis llegaron en fechas separadas y también terminarán en momentos distintos. No sé cuándo, pero lógicamente el orden será éste: primero se superará la crisis financiera; luego, la económica; y, finalmente, la inmobiliaria y la de construcción, que es la más aguda y que más precisa de una economía saneada para volver a funcionar.

Incluso dentro de cada una de estas crisis, sería preciso aclarar a qué se responde al dar una fecha: ¿a la fecha en que dejará de aumentar el paro? ¿A la fecha en que la morosidad remitirá? ¿A la que dejará de haber problemas de liquidez? ¿A la que volverá a aumentar el PIB? ¿A la que dejará de incrementar el déficit público? ¿A la que las tasas de precios crecerán a un ritmo de economía saneada?

Cada uno de estos indicadores tiene asimismo una fecha distinta. El problema es que es casi imposible aventurar o adivinar cuál es. No se crean ninguna de las previsiones que hacen los políticos o las instituciones. El FMI revisó drásticamente en marzo de 2009 la previsión que había hecho sólo tres meses antes. Si alguien que predice el final de la crisis se equivoca, ¿por qué deberíamos darle crédito cuando efectúa la siguiente previsión?

La verdad es que en economía es absurdo hacer predicciones. Los economistas no somos adivinos. Así que quienes formulan predicciones sobre el final de la recesión en realidad están engañando o bien están mal informados. Entre otras cosas, porque el final de la crisis depende de cuánto se dañe el sistema económico. Por poner un simple ejemplo, el final de la crisis financiera depende de en gran medida de cómo evolucione la solvencia de familias, empresas y estados a los que se ha prestado dinero. La solvencia de las familias depende de cómo evolucione la tasa de paro. Por tanto, la evolución de la propia economía determina un alargamiento o acortamiento de la crisis financiera. Podemos hacer estimaciones, pero deberán revisarse cada mes.

¿Significa esto entonces que no tenemos ni idea del cuándo llegará el final? Sí. No tenemos ni idea. Sin embargo, lo que sí podemos hacer es comparar la crisis actual, como se ha realizado en el capítulo 7, con crisis precedentes. Podemos examinar la historia y comprobar cuánto tiempo se ha destruido empleo cuando se ha entrado en recesión. O podemos examinar cuánto tiempo han estado bajando los precios y las ventas de un mercado inmobiliario tras entrar en crisis. Es decir, podemos tomar referentes históricos como simples puntos de referencia.

Por ejemplo, tanto una reciente publicación del Servicio de Estudios de La Caixa como otra de la Universidad de Harvard coincidían en que las crisis inmobiliarias más parecidas a la actual han durado una media de cinco años. Eso no significa que vaya a durar cinco años, pero podemos saber que es muy difícil que dure sólo uno o dos años. Si lo hacemos bien y actuamos con sentido e inteligencia, tal vez logremos reducir esos cinco años a cuatro. A tres, a lo sumo. Y, si actuamos neciamente, podemos alargarlo hasta siete años. Si tenemos mala suerte y la coyuntura internacional y el entorno confabulan en nuestra contra, puede alargarse hasta 14 años, como ha sido el caso de Japón. Por tanto, y no se trata de una previsión, podemos decir que, de acuerdo con la historia económica, es de esperar que la crisis inmobiliaria dure un mínimo de cuatro-cinco años, que podría extenderse hasta 10 si las cosas van mal y hasta 14 si van horriblemente mal. Como un horizonte de entre cuatro y 14 años no sirve de nada a casi nadie, la conclusión es lo que antes decía: que dejemos de preguntarnos cuándo acabará esto y nos pongamos a trabajar, innovar, invertir y emprender sin incorporar a la ecuación un final de la recesión. No sólo hay que emprender cuando las cosas van bien, también en circunstancias desfavorables.

Por lo que respecta al desempleo, basta con comprobar la evolución histórica del paro para suponer que se destruirá empleo durante un mínimo de tres a cinco años. No hago una predicción, sino que me limito a reiterar lo que históricamente siempre se ha constatado. Ojalá no sea así, pero lo inteligente desde un punto de vista de política económica no es declarar que volveremos a generar empleo en seis meses, sino planificar y prepararnos adecuadamente para una situación que históricamente ha venido produciéndose.

En cuanto a la evolución de la economía, medida a través del PIB, es increíble que se nos diga desde organismos económicos y gobiernos que «habrá una recuperación hacia finales de 2009» o que «en el 2010 saldremos de la crisis» o declaraciones similares. Vamos a ver. Acabamos de vivir la expansión económica más larga y pronunciada de la historia. Catorce años ininterrumpidos de crecimiento económico. Llevamos sólo seis meses de decrecimiento. Si uno analiza cualquier cambio de ciclo histórico comprobará que después de fases de crecimiento prolongadas el PIB se desacelera durante períodos normalmente superiores a dos años. ¿Cómo puede entonces afirmarse que esta recesión durará seis meses? ¿O un año? Además, el problema no ha sido sólo la duración de la fiesta, sino el calibre de la misma. Cuando comparamos los datos que mejor ayudan a diagnosticar la gravedad del asunto (morosidad, endeudamiento, *stock* de viviendas, ritmo de destrucción de empleo...) con los observados en recesiones anteriores, muchos son ostensiblemente más negativos. Siendo la situación peor, se proyecta una duración más breve de la crisis que las observadas en otras no tan agudas. No tiene ningún sentido.

Yo comprendo que se quiera mantener alto el ánimo de la gente y que, de algún modo, se procure a través de la gestión de las expectativas dibujar un entorno favorable que anime a emprender, gastar e invertir. Pero no podemos engañar sobre la verdad. Alguien debería «coger el toro por los cuernos» y decir: «Señores, esto va para largo y, por eso mismo, pongámonos a trabajar».

Entonces, la gente dejaría de preguntarse por el final de la crisis, dejaría de creer que sin hacer nada regresaremos a unos tiempos anteriores que nunca volverán y, en cambio, nos pondríamos en marcha para idear y proyectar un nuevo modelo de crecimiento, que es lo que hace falta.

Otra cosa que quiero advertir es que, históricamente, al cabo de entre uno o dos años de una recesión aguda, las derrumbadas bolsas a veces han experimentado una recuperación notable, por no decir asombrosa. Empezaremos a oír que son los signos de que el final de la crisis está cerca porque los mercados bursátiles saben interpretar muy bien la evolución futura de los mercados y son buenos indicadores de hacia dónde irá la economía. No será necesariamente cierto. La bolsa puede rebotar y la economía seguir yendo mal bastante tiempo. Tras el crac de 1929, en plena depresión, la bolsa recuperó más del 40% de la caída en 1930. Luego volvió a desplomarse.

Lo que sí es verdaderamente clave, más que preguntar sobre el final de la crisis, es que nos aclaren qué es lo que se va a hacer desde el gobierno e instituciones para afrontar estos tiempos difíciles. Se está hablando mucho sobre Planes de Rescate. No olvidemos que los rescates se hacen con dinero público, es decir, obtenido de los impuestos que se sufragan entre todos. Un rescate entraña una cuestión de riesgo moral. Bancos y empresas que han especulado o hecho mal su trabajo son ayudadas para que no se destruya empleo o la gente no pierda sus depósitos. Por ejemplo, se destina mucho dinero a ayudar al sector del automóvil porque su impacto sobre la economía y el empleo es mayor que en otros sectores de actividad. Pero no por ello deja de ser algo que los empresarios de, por ejemplo, el sector de la hostelería puedan con toda razón considerar injusto. Todos estamos sufriendo. En casi todas las empresas están bajando las ventas o están entrando en pérdidas. ¿Con qué criterio se da dinero de todos a unos cuantos? Es fundamental que se expliquen estos criterios con tal de evitar un clamor popular.

Lo mismo sucede con la compra de activos tóxicos a los bancos o con las inyecciones de liquidez para evitar que la banca quiebre. Una cosa es que la gente no pierda sus depósitos y otra ayudar a ejecutivos y directivos de bancos que han ganado mucho dinero durante los años de euforia a base de violar todos los principios más elementales de prudencia financiera.

Debemos pensar que el dinero público para rescates es limitado. Si lo malgastamos, cuando se acabe, ya no podremos hacer nada. La decisión de cómo y a quién se entrega, y a cambio de qué, es fundamental para la higiene de la democracia y las instituciones. No podemos mantener «zombies», no podemos utilizar el dinero para retrasar crónicas anunciadas de cierres empresariales, no estamos en disposición de financiar agonías bancarias o empresariales.

El asunto es muy complejo y el problema es, además, que los gobiernos han de actuar con rapidez para evitar el deterioro progresivo de la economía y el empleo. Que la urgencia no empañe la eficiencia. Se precisa un gran Pacto de Estado a la hora de decidir qué hacemos con los recursos que tenemos disponibles y que han de servir para acortar una inevitable y larga recesión.

¿Dónde están las responsabilidades y qué hemos aprendido?

Hasta este punto del libro, es fácil que el lector interprete que estoy atribuyendo la mayor parte de la responsabilidad sobre lo acontecido a los inversores o compradores: si no actuásemos como necios las burbujas no se producirían. Bien, esto no es exactamente así. Si he dedicado tantas páginas a la prevención y a evitar que caigamos en inversiones estúpidas es porque tengo muy claro que los responsables de evitar las burbujas nunca lo harán cuando, dentro de un tiempo, llegue otro momento de euforia. Ya lo he explicado: nadie quiere ser el guapo que hace descarrilar el tren del crecimiento. Es demasiado impopular. La sensatez y la prudencia no tienen adeptos en momentos de euforia. Desconfío completamente de la capacidad de los dirigentes, reguladores, controladores y bancos para frenar la especulación. El corto plazo puede con ellos, en buena medida porque también son víctimas del sistema. Si cuando la orquesta toca no se ponen a bailar, los despiden. Dado que nadie va a proteger nuestros ahorros mejor que nuestra prudencia he dirigido este libro a los compradores, a los inversores, a la gente en general. Pero dar herramientas para prevenir a los ahorradores no significa que los considere los únicos responsables.

¿Quiénes son entonces los responsables de esta tremenda crisis?

La respuesta más sencilla y menos comprometedora es que la

situación alcanzada es culpa de todos. Decir «culpa de todos» es parecido a decir «responsabilidad de nadie». Pero no es el caso. Aquí hay responsabilidades muy concretas que se reparten muy claramente. Para ello, hay que reconocer que tanto la burbuja inmobiliaria mundial como la crisis *subprime* podían haberse evitado. O nos hacemos a la idea de que las burbujas pueden evitarse o jamás aprenderemos de nuestros propios errores. Insisto: una crisis tan profunda podía haberse evitado.

Las responsabilidades se reparten entre los siguientes agentes: dirigentes, bancos comerciales, bancos de inversión, bancos centrales, reguladores, tasadores y agencias de calificación, inversores y medios de comunicación. En cada caso, aquello que no hicieron y debieron hacer constituye una lección aprendida. Por eso he reunido en este mismo epígrafe las preguntas 4 y 5 de este capítulo. Vayamos con los distintos responsables:

Bancos centrales

La causa primera de todos los problemas estuvo en la laxitud crediticia. Ésta se originó, principalmente, por un tiempo demasiado prolongado de tipos de interés bajos. El dinero que recibía la economía ha crecido por encima de lo que aumentaba la producción real de bienes y servicios durante demasiado tiempo. Esto es un problema gravísimo. Lo demostraré con la última analogía de este ensayo.

Imagine dos náufragos en una pequeña isla desierta. En ella hay un cocotero, que da dos cocos al día, y un área fértil que produce dos piñas diarias. Un náufrago se hace con el cocotero y el otro con el área fértil. El primero se come uno de los cocos y le vende el otro al otro náufrago. Este último se come su piña y asimismo le vende su segunda piña al vecino. Para pagar el coco y la piña, disponen cada uno de 1 euro, que cada día intercambian conjuntamente con la pieza de fruta. Es decir, que la economía de esta isla consta de una masa monetaria de 2 euros y una producción de dos cocos y dos piñas. Imagine ahora que llega a la isla, producto de otro naufragio, una caja que contiene 6 euros. Se los reparten a razón de 3 cada uno. ¿Cuánto cree que van a costar el coco y la piña que se intercambian diariamente a medida que pase el tiempo? ¡Exactamente! ¡Tres euros más de lo que costaban!

En cuanto uno de ellos repare en que su vecino tiene dinero «sobrante» en el bolsillo, un día le exigirá 2 euros por el coco. El otro, le pedirá 2 euros por la piña, y así sucesivamente hasta elevar los precios hasta 4 euros la pieza de fruta. La conclusión es que la economía real de la isla no se ha modificado (sigue produciendo el mismo número de cocos y piñas por día), pero la inflación se ha cuadruplicado.

Esto mismo, a gran escala, es lo que sucede cuando en una economía afluye una cantidad de dinero que el incremento real de bienes y servicios no es capaz de absorber. Se produce inflación.

Sin embargo, en este momento de la Historia esta inflación no ha ido a los cocos y las piñas (los bienes de consumo), sino que se ha cebado en el mercado inmobiliario y en otros activos. Es decir, el Índice de Precios al Consumo estuvo controlado y lo que se disparó de precio fue, sobre todo, la vivienda.

Más adelante, cuando el inmobiliario estalló, el dinero se refugió en las materias primas y más tarde en el petróleo. La expansión monetaria ha sido tan alta que han tenido que formarse cuatro burbujas sucesivas para absorber este dinero y redistribuirlo: la burbuja de las *puntocom* 2000, la bursátil 2008, la inmobiliaria y la de materias primas.

Por tanto, la responsabilidad principal de los bancos centrales es haber seguido una política de tipos bajos de interés durante tanto tiempo. El dinero era tan barato que, descontada la inflación, tuvimos tasas de interés negativas. Pides 100 prestado al 2% y al cabo de un año, con una inflación del 5%, sólo has de devolver 102. Es casi regalar dinero. Esto recalentó la economía hasta unas cotas nunca vistas. Nadie quería detener esa locomotora. Alan Greenspan, el anterior presidente de la Reserva Federal, reconoció públicamente no hace demasiado que intentó subir los tipos de interés, pero que no pudo, debido a una presión política y empresarial enorme. Como me dijo mi amigo Felipe Artalejo: «Pues entonces tenía que haber dimitido». Es cierto. Si uno no puede hacer su trabajo correctamente, ha de dimitir. Una subida de tipos de interés a tiempo habría encarecido las cuotas mensuales de las nuevas hipotecas. Cuando las cuotas mensuales son más altas, se favorece que los precios de los inmuebles bajen. Es el modo más rápido de que la cuota resultante vuelva a ser asequible para el comprador.

La política de tipos bajos obligó también a la banca a prestar más dinero de la cuenta. Los tipos de interés son a la banca lo que el margen comercial es a una empresa. Como los bancos aplicaban márgenes muy reducidos, tenían que prestar mucho más dinero para ganar lo mismo. Como consecuencia: expansión crediticia desmesurada.

Hemos aprendido:

QUE LOS BANCOS CENTRALES NO DEBEN MANTENER LOS TIPOS BAJOS TANTO TIEMPO

En segundo lugar, los bancos centrales tienen la misión de controlar la inflación mediante la política monetaria y, en el caso americano, además, fomentar el crecimiento económico.

Todos eran conscientes de que la masa monetaria crecía a niveles extraordinarios, pero los bancos centrales aducían que la inflación se hallaba bajo control, y era cierto: los índices de precios estaban controlados porque la vivienda no forma parte del cálculo de la inflación. Hay un profundo debate económico en torno a esta cuestión. Yo, particularmente, no comprendo que la vivienda no se incluya en el cálculo de la inflación. Estamos hablando de un bien al cual se destina entre el 20% y el 60% de los ingresos mensuales de una familia. ¿Cómo no se tiene en cuenta para medir cómo sube el coste de la vida? Hay motivos en contra, como que la vivienda es un activo y no un bien de consumo, pero la realidad es que se financia con renta disponible. Además, hemos visto cuánto ha perjudicado a la economía no incluir la vivienda en este cálculo: ha sido uno de los motivos fundamentales para que los responsables de la política monetaria europea y norteamericana no redujeran el enorme caudal de dinero que inyectaban en la economía.

Atención a este párrafo escrito en 1997:

> La primera lección que los japoneses hemos aprendido de la burbuja es que el Banco de Japón tenía que prestar atención no sólo al nivel general de precios, sino también a la valoración de los activos.[77]

Debería haberse prestado más atención al enorme desajuste entre los crecimientos de dinero en la economía y de la producción real. Independientemente de que los precios estén bajo control, el petróleo barato o los higos chumbos a precios competitivos, debería establecerse un diferencial máximo entre el ritmo de au-

---

77. Nagashima, A., *Role of the Central Bank During Problems of Banks Soundness: Japan's Experience,* extraído de un artículo de Antonio Torrero.

mento de la masa monetaria y el del PIB. Sería una medida más que ayudaría a erradicar estas burbujas globales, duraderas y monstruosas. Siguiendo con el mismo autor y la burbuja nipona:

> La experiencia de Japón muestra el peligro de un proceso de continua revalorización de activos que supere significativamente al crecimiento promedio de las magnitudes claves: producto nacional y beneficios empresariales.[78]

Es lamentable que, disponiendo de esta información y habiendo sido testigos de este hecho 10 años atrás en Japón, no lo hayamos prevenido adecuadamente en Europa.

Hemos aprendido:
QUE NO PUEDE PRESTARSE ATENCIÓN SÓLO AL NIVEL DE PRECIOS

Bancos de inversión

Los bancos de inversión son responsables de haber asumido unos niveles de riesgo completamente inaceptables. Como he explicado, durante las euforias financieras, cuando el dinero es abundante, los riesgos se obvian. Los bancos de inversión obtenían tanto dinero de los inversores que buscaban cualquier crédito que empaquetar y revender en forma de fondo de inversión. En el capítulo 5 he explicado cómo la hipoteca de George Hernández era vendida por un banco de inversión norteamericano a un banco extranjero como un producto financiero. Pensemos que se diseñaron productos financieros que no sólo contenían hipotecas, sino

78. Ibídem.

también letras del coche, créditos a estudiantes e incluso deudas de tarjetas de crédito. Cualquier endeudamiento de un tercero, solvente o no, servía para crear un nuevo paquetito con lacito y revenderlo a inversores extranjeros como activo triple A.

Por ejemplo, Bear Sterns se ponía en contacto con bancos medianos y pequeños de algún Estado americano, bancos que normalmente no concedían hipotecas porque no formaba parte de su política, y les decía: «Si conceden hipotecas, nosotros se las compramos. Concedan cuantas quieran y a quien quieran, que no se las quedarán en su balance. No habrán de asumir el riesgo de un impago. Al día siguiente de conceder la hipoteca, nosotros la adquirimos para revenderla y ustedes la sacan del balance». Grosso modo, esto fue así. Era una carrera por revender lo que fuera. Había dinero, mucho dinero, y era preciso captarlo como fuera.

Los directivos de los bancos de inversión sabían lo que vendían, así que para lograr que las agencias de *rating* independientes que evaluaban esas inversiones las considerasen de máxima solvencia se dedicaron a mezclar deuda de calidad con deuda «mala»: hipotecas *subprime* con hipotecas *prime;* deuda de tarjetas de crédito de personas insolventes con la de solventes; obligaciones de empresas sólidas con obligaciones de empresas menos seguras... Todo esto se hacía estructurando los productos por tramos, de más a menos solventes. Era una forma artificial de diluir el riesgo.

Recientemente, algunos comerciales de estos bancos, ya despedidos de sus trabajos, en el paro y con libertad para hablar sin miedo a represalias, han explicado que cuando ellos no veían claro el producto y preferían no venderlo a sus clientes los amenazaban con despedirlos. Los bancos de inversiones ponían unos objetivos a sus comerciales y quien no quisiera jugar a vender esos productos era «invitado» a abandonar el barco.

Por tanto, segunda responsabilidad: si los bancos de inversión no hubieran revendido hipotecas de dudoso cobro, los bancos los habrían mantenido en sus balances, no habrían podido conceder más créditos y la burbuja inmobiliaria no se habría producido.

Lo más indignante es la cifra de *bonus* (incentivos económicos) que los directivos de estos bancos se han embolsado los años anteriores. Vendiendo deuda basura a medio mundo ganaban unas comisiones astronómicas. Pues bien, cuando ya los hayamos criticado por ello, pongámonos a reflexionar si el problema fueron los directivos o más bien la perversidad del modelo, las reglas de juego que se les brinda y a las que se les somete. ¿Qué haría la mayor parte de la gente a quien ofrecieran unas comisiones millonarias por vender productos de riesgo, a sabiendas que no van a tener ningún castigo ni reducción salarial si luego esos productos son insolventes? Es decir, existen *bonus salariales,* pero no *«malus» salariales.* Recomiendo encarecidamente el libro de John Kenneth Galbraith, *La economía del fraude inocente.* Fue el último legado de este gran economista. El sistema, como iremos viendo con el resto de los «responsables», crea unas reglas de juego perversas. Su principal fallo es ignorar la psicología y condición humana. Cualquier persona sometida a incentivos y no a penalizaciones actuará con el fin de maximizar su beneficio a corto plazo. Una simple pregunta: ¿habrían actuado igual los bancos de inversión si se hubiese obligado a los directivos a invertir una proporción de su sueldo en los productos que vendían? ¿Habrían vendido activos tóxicos en caso de que ante una quiebra de los mismos sus salarios se vieran afectados?

Sinceramente, estamos ante una contradicción terrible. Los directivos de los bancos de inversión son responsables de lo acontecido, pero al mismo tiempo se les ha puesto unas reglas de juego tales que el 99% de los mortales hubiese hecho lo mismo en su lugar. Conclusión: son responsables, pero ¿de quién es la culpa?

> Hemos aprendido:
>
> QUE LOS BANCOS DE INVERSIÓN HAN GOZADO DE DEMASIADA PERMISIVIDAD, TANTO EN LO QUE VENDÍAN COMO EN EL ESQUEMA REMUNERATIVO DE SUS DIRECTIVOS

Agencias de rating

Las agencias que evaluaron el riesgo de los productos financieros tampoco hicieron bien su trabajo. ¿Por qué? Se está cuestionando su independencia. Pero, al margen de ello, hay que tener presente que las agencias de *rating* cobran una cantidad variable por cada producto financiero que evalúan. Cuantos más productos evaluasen de modo favorable, más productos les encargaban evaluar. Digamos que les convenía que todo fuera solvente, de modo que se lanzasen más productos financieros al mercado. Es parecido a lo comentado con los directivos de los bancos de inversión: el sistema de remuneración de estas agencias de *rating* era perverso, pues las incentivaba a desempeñar mal la función para la cual fueron concebidas. Si las agencias de *rating* hubiesen de responder de uno u otro modo por sus valoraciones o bien estuviesen sometidas a otra fórmula económica, parte del problema también se habría evitado.

No caigamos tampoco en un simplismo. Parte del «truco» estuvo en el cóctel de créditos que formaban parte de estos productos financieros. Si sólo se hubieran compuesto de hipotecas *subprime,* seguramente los habrían valorado como productos de mayor riesgo. Pero al mezclar inversiones solventes con otras que no lo eran, el promedio resultante de solvencia era suficientemente bueno y, lo más importante, el riesgo de perderlo todo se consideraba bajo. Por otro lado, las agencias de *rating* no tenían ni el tiempo ni la capacidad ni el interés real de bajar al nivel adecuado de detalle y análisis que se requiere para determinar el grado de solvencia de la hipoteca de un George Hernández. Ese trabajo corresponde al banco comercial que concede la hipoteca. Pero como el banco comercial sacaba de su balance ese crédito de dudoso cobro al día siguiente de concederlo, esta información se perdía. Digamos que quien tenía capacidad para saber hasta qué punto cada hipoteca era cobrable no tenía penalizaciones en caso de no serlo.

La abolición de la Ley Glass-Steagal autorizó a los bancos comerciales a realizar operaciones propias de los bancos de inversiones, lo que aceleró la reventa de productos financieros a los mercados internacionales.

> Hemos aprendido:
>
> QUE LAS AGENCIAS DE *RATING* NO DEBEN COBRAR EN FUNCIÓN DE CUÁNTOS PRODUCTOS VALOREN, SINO EN FUNCIÓN DE OTROS PARÁMETROS VINCULADOS A LA CALIDAD DE SU TRABAJO, ESTO ES, LAS VALORACIONES DE RIESGO QUE REALIZAN

Agencias de tasación de inmuebles

Las agencias de tasación, como se sabe, son las que determinan cuál es el valor de un inmueble, de modo que cuando los bancos concedan un crédito tengan una cuantificación independiente de la garantía que sobre ese préstamo recae. Toda la problemática explicada en el capítulo 6 sobre la sostenibilidad de los precios durante las burbujas impacta de pleno en el modo de proceder de las agencias de tasación. Estas agencias determinan el valor de un inmueble en función de los precios que en cada momento se observan en el mercado. No tienen en cuenta si estos precios son insostenibles mientras haya personas que los paguen. La consecuencia es que los precios que los aquejados del síndrome del Necio consideran correctos pasan a ser asumidos por la banca como aceptables. Una hipoteca se concede a varios, muchos años. El banco debe asegurarse de que su garantía lo es durante un período largo de tiempo. En consonancia, las agencias de tasación deberían considerar medias históricas como las de Shiller. Y ninguna lo hace. Para ellas, lo importante es saber a cuánto se paga el metro cuadrado en esa zona y en ese año. Si este precio está muy por encima de un precio histórico de referencia o hay una elevada probabilidad de ser insostenible en el tiempo, no importa. Es bastante evidente que con este modo de proceder el banco asume un riesgo a medio y largo plazo. La responsabilidad o, más bien, el error de las agencias de tasación es valorar inmuebles a precios de corto plazo para que los bancos concedan préstamos a largo.

Hemos aprendido:

QUE LAS AGENCIAS DE TASACIÓN NO DEBERÍAN VALORAR LOS INMUEBLES A PRECIOS DUDOSAMENTE SOSTENIBLES A CORTO PLAZO SI LOS BANCOS VAN A PRESTAR A LARGO PLAZO

Bancos comerciales

Los bancos comerciales, es decir, aquellos que ofrecen depósitos y otorgan créditos, tienen una gran responsabilidad en todo lo acontecido. Todas las normas más elementales de prudencia financiera de la banca han sido violadas estos últimos años. De haberse aplicado religiosamente los mismos criterios que la misma banca empleaba antes de esta euforia otro gallo habría cantado. Por ejemplo, tradicionalmente nunca se había dado una hipoteca por el 100% del valor de tasación de un inmueble. Normalmente, se daba hasta un máximo del 80%. Pues bien, estos últimos años se ha llegado a dar hasta el 120%, como ya se ha explicado. Lo más sangrante es que hablamos de un 120% de un precio de plena burbuja. Otro criterio clásico era que la cuota a pagar cada mes por el hipotecado no debía ser mayor que el 35% de los ingresos familiares. Se han aprobado hipotecas donde la cuota representaba el 60% o 70% de los ingresos familiares. Incluso el 80%.

Recientemente, el presidente de uno de los más importantes bancos españoles, en respuesta a las voces que reclamaban que los bancos no cerrasen el grifo del crédito a las Pymes, declaró que «los bancos no pueden prestar el dinero irresponsablemente». Estoy de acuerdo con él, pero añadiría un matiz. Le faltó decir: «Los bancos no pueden *seguir prestando* dinero irresponsablemente». La política de concesión de préstamos ha sido, simple y llanamente, una irresponsabilidad. La banca española (también la americana) no sólo ha prestado el dinero de los depósitos, sino también el que ha recibido de la banca internacional a través del denominado mercado interbancario. Se trata de una deuda que vence a corto. Las hipotecas son, en cambio, créditos a largo. Prestar dinero a largo plazo que ha de devolverse a corto plazo es posible, pero requiere una prudencia financiera extrema que no se ha tenido.

La borrachera era tal que incluso la banca española, modélica en muchos aspectos, violó sus propias normas más elementales y sagradas. ¿Y por qué?

La decisión de financiar el 120% de un inmueble se sustentaba en la inmediata subida de precios que iba a observarse. Sin embargo, no se proyectaba una eventual subida de tipos de interés, lo cual era también de esperar que ocurriese antes o después. Fijémonos en el contrasentido: doy más crédito de lo que vale una vivienda porque estimo que la casa subirá de precio, pero no tengo en cuenta la capacidad de devolución del préstamo del cliente en caso de que suban los tipos. Es decir, había tantas ganas de prestar dinero que sólo se proyectaban hacia el futuro aquellos indicadores que ayudaban a conceder el préstamo (revalorización futura del piso) y no los que lo desaconsejaban (posible subida futura de tipos de interés).

Ahora la burbuja inmobiliaria ha estallado y todos estos excesos pasan factura a la banca. Los extraordinarios beneficios de años anteriores provenían en buena medida de esta expansión crediticia. Recordemos la bola de carne del niño. Mientras no sea expulsada da la sensación de que el niño es bueno y come. Mientras el esquema de revalorizaciones inmobiliarias se sostenía, no muy distinto al de una pirámide, el banco parecía bueno: ganaba dinero a espuertas. La realidad es que parte de esos beneficios son pérdidas de hoy.

La banca comercial tiene una gran responsabilidad cuando administra el dinero de terceros. Un necio puede perder sus ahorros si no tiene nada mejor que hacer, pero un banco presta dinero que no es suyo, así que jamás debería participar de las fabulosas rentabilidades a corto plazo que las burbujas financieras ofrecen. Es un juego demasiado peligroso. Los bancos tienen departamentos llenos de especialistas en materia económica que publican informes, estudios y conclusiones sobre lo que pasa en los mercados financieros. Son personas competentes y en muchos de estos informes se apuntaba a la presencia de una burbuja inmobiliaria. El argumento para no haberse mantenido lejos de ella es doble: en primer lugar, una predicción de aterrizaje suave (que ha resultado ser un batacazo descomunal) de la construcción. El segundo argumento es la presión por la cuota de mercado. Si yo no entro a jugar, mientras las cosas van bien, los demás bancos salen bien en la foto y yo salgo feo. Claro, la bola de carne no sale en las fotos de los niños hasta que éstos no la expulsan. Un directivo de un banco que no bailaba al son de la burbuja habría sido despedido.

Finalmente, los bancos juegan con un último salvavidas: los Fondos de Garantía de los Depósitos y con el eventual rescate o ayuda del gobierno. Saben que no los dejarán caer porque eso supondría una alarma social, el desplome del sistema. Mientras esto sea así, los bancos volverán a correr más riesgos de los debidos cuando en un futuro retornen las épocas de vacas gordas. Quienes tenemos hijos sabemos que para que éstos aprendan han de sufrir las consecuencias de sus malas decisiones. Si los padres continuamente les evitan el dolor y las repercusiones de sus propios errores, jamás cambiarán. Mientras no se deje caer a un banco, nada cambiará. Un niño jamás adquirirá responsabilidades si sus actos no entrañan una consecuencia.

El problema de que un banco caiga es que, con él, puede caer gente inocente. Los depositantes, el jubilado que tiene sus ahorros en esta entidad; el pequeño ahorrador; la familia con un depósito a la vista... Ahí sí que es necesaria la función de la garantía del gobierno sobre los depósitos.

Otra cosa distinta son los directivos de la banca comercial. De nuevo estamos ante el mismo «fraude inocente». Tienen una inmensa responsabilidad, pero se les inunda de incentivos para asumir más riesgos de lo debido, a la par que tienen una presión descomunal para no perder clientes ni cuota de mercado durante la fase expansiva de la burbuja. Del mismo modo que el monopolio u oligopolio son negativos, las guerras de precios también lo son: destrozan los mercados y obligan a tomar decisiones imprudentes. De nuevo, la perversidad del sistema nos obliga a preguntarnos si la responsabilidad y la culpa corresponden a las mismas personas.

Hemos aprendido:
QUE LOS BANCOS COMERCIALES DEBEN SER FIELES A SUS CRITERIOS DE PRUDENCIA MÁS ELEMENTALES Y SAGRADOS

Reguladores

En el colectivo «reguladores» incluimos los organismos y entidades «independientes» que tienen el deber de regular el buen hacer y las buenas prácticas de los agentes financieros y económicos. Nos referimos a la Comisión Nacional del Mercado de Valores y el Banco de España, básicamente.

El problema no ha sido una falta de regulación, sino una regulación mal hecha. Por ejemplo, el Banco de España estuvo advirtiendo por activa y por pasiva los riesgos derivados de la burbuja inmobiliaria. No hubo manera de que le hiciesen caso. Ahora bien, también el Banco de España, a través de la normativa bancaria, podía haber actuado. Con sólo limitar la duración de los préstamos hipotecarios a 25 años, en lugar de permitir que se alargasen a 30, 40 y hasta 50 años, los precios se habrían contenido mucho más. Otra opción era incrementar los coeficientes de garantía o provisiones de sus balances. Dado que estos coeficientes eran más altos que en otros países, hubo presión para que no se elevasen más. El argumento era en realidad absurdo: que un banco extranjero se proteja poco de sus riesgos no significa que nosotros debamos hacer lo mismo.

El Banco de España tiene su cuota de responsabilidad. Pero una norma así en plena expansión equivale a limitar el número de copas que pueden servirse en una discoteca durante una noche en la que todos se lo están pasando en grande.

En cuanto a la Comisión Nacional del Mercado de Valores, su responsabilidad como regulador sea probablemente pequeña. De ella no depende la política de concesión de hipotecas. Lo único que se echó de menos en su momento fue una mayor supervisión de los productos financieros que los bancos de inversión extranjeros ofrecieron. Ha de decirse que no se hizo del todo mal el trabajo, pues España ha sido de los países europeos menos contaminados por las inversiones *subprime* americanas.[79] Aunque, como ya he explicado, no es menos cierto que teníamos nuestra propia *subprime*.

> Hemos aprendido:
>
> QUE LOS REGULADORES NO DEBEN SER SOMETIDOS A PRESIÓN POLÍTICA O EMPRESARIAL. SU INDEPENDENCIA PARA REGULAR LOS MERCADOS ES VITAL PARA EL SISTEMA

Dirigentes

Con la burbuja de grado 5 se ha visto claramente que la recesión se desencadena por un endeudamiento excesivo, y no sólo por un impago de varios cientos de miles de viviendas americanas, sin quitarle importancia a este problemón. El asunto del endeudamiento es algo que casi nadie recoge en los libros publicados para explicar esta crisis, y es el mayor de nuestros problemas, como hemos comprobado.

Las crisis profundas son económicas y no financieras. El problema se viene gestando desde hace mucho, debido a demasiado

79. En gran medida, gracias a que no se permiten los vehículos de inversión fuera de balance.

tiempo de dinero barato y una laxitud crediticia que debía haberse atajado mucho antes.

La crisis económica actual tiene su origen en un endeudamiento brutal que, mientras se producía, ha permitido a las familias consumir y comprar por encima de sus posibilidades. El endeudamiento de las familias en Europa y Estados Unidos ha aumentado a un ritmo escalofriante y ha alcanzado cotas muy elevadas. En algunos países más que en otros, pero en general hemos asistido a un crecimiento económico fenomenal porque parte del mismo se ha financiado con créditos. Dicho de otro modo: hemos vivido con el dinero que todavía no habíamos ingresado, hemos disfrutado anticipadamente de los sueldos y rentas de los años sucesivos.

No estoy en contra de los préstamos al consumo: todo el mundo tiene derecho a un préstamo que le permita disfrutar de un viaje, adquirir un coche o acceder a una vivienda. Pero otra cosa es que el dinero prestado para consumir se desboque hasta límites insostenibles.

Es interesante rescatar el origen de los préstamos y los intereses. Durante el siglo XVII se denominaba usureros a los prestamistas. No se consideraba moralmente aceptable el cobro de intereses. ¿Por qué? Pues porque la gente que pedía dinero no lo hacía para irse de vacaciones al Caribe, sino porque tenía un problema personal o una enfermedad que le obligaba a disponer temporalmente de una cantidad de dinero hasta recuperar las fuerzas para trabajar. Exigir intereses a las víctimas de un infortunio era una inmoralidad, y de ahí la mala fama de los prestamistas, prolongada hasta nuestros días.

El cobro de intereses pasó a considerarse legítimo a raíz de los préstamos que tenían por objeto financiar las actividades productivas de un negocio: compra de máquinas, herramientas o materias primas. Los prestamistas adujeron que en este caso sí era moralmente justo el cobro de intereses, pues con el dinero prestado iba a obtenerse un beneficio: se consideró que los intereses eran la parte de beneficio que debía remunerar al capital que había hecho posible el negocio. Desde entonces y de forma paulatina los intereses se han convertido en algo normal en nuestras sociedades.

Del mismo modo, el que buena parte de la población tome dinero prestado para consumir es un fenómeno relativamente reciente. Tiempo atrás, si alguien quería consumir por encima de sus posibilidades debía trabajar, ahorrar y luego disfrutar de su excedente. Los préstamos para el consumo se originaron como un modo de financiar la compra de ciertos productos que, dado su coste, no podían pagarse al contado (electrodomésticos, automóviles, vivienda...). En la época moderna la concesión de préstamos para el consumo se ha convertido en una práctica normal. Nos hemos acostumbrado a vivir con los ingresos de los meses próximos para así elevar el nivel de vida.

No es ésta una diatriba contra los créditos al consumo, ni mucho menos. Pero sí una llamada de atención al grado en que se promueve el exagerado endeudamiento de las familias para acelerar el consumo. Un poco de endeudamiento actúa como un incentivo para la economía. No es pernicioso, pues el crecimiento que genera esa ligera capacidad adicional de gasto permite absorber rápidamente las obligaciones contraídas.

Pero si en lugar de prestarles 40 a quienes ganaban 100 se les hubiese prestado 10, el problema no habría sido tan grave. Es de sentido común que para devolver 10 en lugar de 40 el consumo se resiente menos y durante menos tiempo

Los políticos, en materia económica, por ejemplo mediante políticas fiscales, disponen de herramientas para incentivar el ahorro y desincentivar el endeudamiento excesivo. Otro ejemplo es el mercado del alquiler de vivienda. Con una adecuada política fiscal en materia de alquiler, podían haber animado a mucha gente a ocupar algunos de los dos y pico millones de pisos vacíos de España. Sólo esta decisión habría amortiguado la espiral de precios de la vivienda. El gobierno ha permitido la inflación de la vivienda mientras la de bienes de consumo estuviera controlada. Ha transigido con un endeudamiento demasiado rápido y elevado de familias y empresas. Se ha favorecido mucho el endeudamiento y casi nada al ahorro. Se ha puesto fácil pedir dinero y muy difícil guardarlo.

El motivo por el cual no se hizo nada de todo esto es la clásica cuestión de «quién pone el cascabel al gato». El dinero que llegaba a las familias en forma de crédito se empleaba en comprar pisos, lo que favorecía a toda la economía: la demanda de viviendas tira de muchos otros sectores vinculados a la construcción: cristal, aluminio, madera, cemento, maquinaria, mano de obra, muebles, electricidad, etcétera. Como se ha explicado, dar 40 a la gente que gana 100 provoca durante cierto tiempo un gasto adicional, y en nuestro caso este gasto adicional implicó más actividad, más empresas, más empleo. ¿Quién era el guapo que detenía esto?

Cuando una locomotora va demasiado rápido, nadie quiere detenerla. Y cuando una locomotora ya no puede frenarse, nadie quiere pasar a la Historia como el que la hizo descarrilar.

Este fragmento de Antonio Torrero, al describir el crac de Japón en los años noventa, es tan revelador como incisivo:

> (...) la principal enseñanza que se obtiene del análisis de un fenómeno de este tipo es la facilidad con la cual se acepta en la fase de ascenso, porque impulsa el cre-

> cimiento económico y beneficia a políticos, empresarios, banqueros y la parte más osada de la población. (...) Es muy impopular interrumpir el festín, máxime cuando existe el riesgo de provocar un deterioro de las expectativas que desemboque en una recesión económica. (...)[80]

En efecto, los dirigentes tienen capacidad para frenar estas burbujas, pero quien lo haga será expulsado del poder. Nadie se pondrá delante de una locomotora demasiado acelerada, nadie la detendrá, nadie la hará descarrilar. Cada cuatro años hay elecciones en la mayoría de los países democráticos, por lo que es políticamente incorrecto detener lo que en el corto plazo funciona. Uno de los problemas de las economías occidentales es que mientras la economía requiere supervisar los efectos en el largo plazo de las decisiones de hoy, en política se sobrevive priorizando el corto plazo. Así que esto no es un tema de color político, sino otra vez una perversidad de nuestro sistema. Incentivamos a los políticos a gestionar a corto y a no pensar a largo.

Keynes dijo que «la economía era un asunto demasiado importante como para dejarlo en manos de los políticos». La reciente crisis demuestra que todavía no se han apartado del poder político suficientes ámbitos de decisión económica. Debería haber más refundación política que económica. Si los políticos no saben o no pueden o no les dejan o no se atreven a detener las locomotoras con exceso de velocidad, deben dejar ciertas decisiones a otros expertos independientes: un comité de sa-

80. Torrero, Antonio (Universidad de Alcalá), *Economiaz* n.º 48, 3er. cuatrimestre, 2001.

bios o de ancianos o de tecnócratas al margen del poder político y con el futuro asegurado, personas no manipulables ni influenciables, absolutamente independientes. Veremos si esto llega.

> Hemos aprendido:
>
> QUE NO DEBÍAMOS HABERNOS ENDEUDADO TANTO
>
> Y
>
> QUE LOS POLÍTICOS NUNCA FRENARÁN LAS BURBUJAS

Los medios de comunicación

El cuarto poder está en la misma rueda. Vender periódicos está complicado. Tener audiencia, no digamos. Internet, nuevos canales digitales, un número creciente de publicaciones... Todo ello redunda en una dificultad enorme para capturar la atención del público. Para un medio de comunicación, «atención» es igual a «ingresos». Su supervivencia depende de su capacidad para llamar la atención.

La consecuencia es asimismo perversa: el periodista está obligado a extremar sus mensajes. O sensacionalismo o dramatismo. Del «A España no hay quien la pare» al «Esto se hunde». Ni una cosa ni otra son beneficiosas para la sociedad. Tampoco para los mismos periodistas, muchos de ellos quemados e indignados; algunos se sienten incluso prostituidos. Igual que el directivo del banco ha de bailar al son de la euforia, al periodista a menudo le toca bailar al de una orquesta sin rigor musical.

Vivimos en un mundo donde todo se polariza, lo bueno y lo malo. Y eso no ayuda porque la independencia, el rigor, la profundidad en el análisis o el matiz tienen poco espacio en un mundo así.

El problema ya no es sólo el tono, sino también la veracidad de las fuentes de información. ¿Alguien cree de verdad que en España los precios de la vivienda sólo han bajado ligeramente? Si uno habla con promotores, te revelan bajadas del 20%, 30% o 40% y aun así no venden las viviendas.

Estamos ante un tema muy complejo y que daría para un libro entero. De todo hay en la viña del Señor. Pero, sin duda, una información valiente, veraz, políticamente incorrecta y contundente sobre los riesgos del mercado inmobiliario, cubierta y difundida por los medios de un modo generalizado, habría planteado serios interrogantes durante el masivo endeudamiento popular. No puedo afirmar que eso hubiese impedido la burbuja, pero era un factor más que, sumado a la anterior lista, habría desempeñado un papel más que relevante. En asuntos de Medio Ambiente, de educación ciudadana o de denuncia social, los medios se han movilizado y han conseguido incidir y cambiar la opinión pública. Logrado esto, incorporémoslo en mayor medida a los asuntos económicos.

Hemos aprendido:

QUE NECESITAMOS MEDIOS DE COMUNICACIÓN INDEPENDIENTES

Los compradores e inversores

En cuanto a las responsabilidades de los inversores casi todo ha quedado dicho con los síntomas del síndrome del Necio. Tal vez la única diferencia con todos los anteriores responsables sea que, éstos sí, asumen *el 100%* de las pérdidas que la crisis financiera produce sobre sus inversiones.

Finalmente, quiero aclarar que estas últimas páginas no pretenden ser una acusación a ninguna persona concreta. Nada más lejos de mi intención y tampoco es mi estilo. Pero no quiero caer en la excusa «responsabilidad de todos», «culpa de nadie». El problema, creo que ha quedado claro, son algunas de nuestras reglas de juego. En muchos aspectos, nuestro sistema se ha revelado perverso. *Perverso*, en su segunda acepción, significa «que corrompe las costumbres o el orden y estado habitual de las cosas».

Educación, valores, formación y normas que vinculen responsabilidades con resultados. Tan fácil. Tan difícil.

Por último...

Algunas personas me han sugerido que añada unas líneas sobre posibles soluciones para absorber los excesos de la burbuja inmobiliaria y financiera que recientemente ha estallado, produciendo la crisis en la que estamos inmersos. Decían que el libro era un tanto pesimista y que unas cuantas ideas sobre cómo solucionar el problema serían bienvenidas.

No es que no quiera exponerlas, pero lo que me piden es justo lo que el libro pretende: evitarlas antes de que sucedan. Es como si le preguntara a mi médico cómo puedo hacer para no tener resaca los domingos, ya que quiero emborracharme todos los sábados. El médico me dará consejos sobre cómo beber con moderación, pero si cometo un exceso, poco podrá hacer para que no haya consecuencias. En el asunto de las burbujas, la solución es la prevención, y no los paños calientes o la postergación del problema.

Es obligación de todos contribuir a la educación y formación de quienes caen o pueden caer en la trampa de las burbujas. El otro día mi hija me explicó que en el colegio realizaron un simulacro de incendio. Se trataba de reproducir una situación de peligro susceptible de ocurrir. El colegio no se va a incendiar, aclararon a los atemorizados pequeños, pero puede pasar. Y por si sucediese, para que la histeria y el pánico no se desaten, adiestran a los niños para que sepan cómo hay que actuar. También los llevan a veces a las dependencias de la Guardia Urbana, donde les advierten de los riesgos de no llevar el cinturón puesto o de cruzar la calle sin mirar. A partir de cierta edad recibirán asimismo instrucciones sobre cómo prevenir las enfermedades de transmisión sexual: les mostrarán los diferentes medios para evitar el contagio de virus. Todo eso se hace en el colegio y está muy bien.

Sin embargo, no educamos a nuestros hijos ni los sometemos a simulacros de burbujas. No estoy diciendo una tontería. Una enfermedad de transmisión sexual puede arruinarte la vida. Pero la especulación también. Los fenómenos especulativos son tan peligrosos como no llevar cinturón en el coche, cruzar un semáforo en rojo o mantener relaciones con una persona desconocida sin tomar precauciones. Las burbujas arruinan vidas y familias.

Hemos aprendido:

QUE SE PRECISA UNA LABOR DE DIFUSIÓN
Y EDUCATIVA SOBRE ESTE ASUNTO

En efecto, la prevención *anterior a la formación de la burbuja* es la pretensión final de este libro. Es un granito más de arena en la necesaria labor de educar a nuestros hijos en que la riqueza es fruto del trabajo diario, y no de la especulación. De que comerciar es distinto de comprar para revender sin añadir valor alguno. De que endeudarse más allá de lo razonable es renunciar a un futuro esperanzador en pos de un presente excesivo. De que el dinero va detrás de la realidad, y no la realidad detrás del dinero, y de que, como se dice en los pueblos, «más vale comer poco y digerir bien».

De todos modos, soy consciente de que las euforias, al igual que sus posteriores crisis, nunca desaparecerán de la faz de la Tierra. No soy tan ingenuo como para pensar que un libro va a acabar con algo consustancial a la dimensión humana. El *Homo economicus* no es un ser racional, sino un desaforado, insaciable, envidioso y codicioso ser que muta a huidizo, temeroso, egoísta e histérico a la velocidad de la luz. Somos una especie capaz de cambiar casas por tulipanes. Eso nunca lo cambiaremos, pero tal vez seamos capaces de amortiguar el grado extremo en que se produce y logremos ser algún día «razonablemente irracionales».

En cualquier caso, si estas líneas sirven para que una sola persona no pierda sus ahorros en una burbuja especulativa o, simplemente, en el futuro no pague un precio abusivo por algo que no lo vale, escribirlas habrá valido la pena.

EPÍLOGO: la próxima burbuja

Estudia el pasado
si quieres pronosticar el futuro.
CONFUCIO

Soy incapaz de adivinar dónde, cuándo y sobre qué se cebará la próxima burbuja. Pero sí puedo augurar cómo se producirá. Si a alguna conclusión he llegado tras analizar todas estas burbujas especulativas es que son verdaderos calcos unas de otras. En alguna ocasión, durante la escritura de este libro, tomaba de mi desordenada mesa de trabajo una hoja traspapelada que contenía algún fragmento que me interesaba conservar. Tras leerlo, no tenía duda alguna de que correspondía a un crac de los más recientes. Después, al constatar la fuente, me percataba de que era un texto del siglo XVII. Cambiará la forma, pero no el fondo. Puedo aventurar cómo será la próxima burbuja sin riesgo a equivocarme demasiado.

Ocurrirá en un lugar próspero, tras una época de crecimiento, en una región donde el ahorro será abundante y estará bien diseminado. Los medios de comunicación hablarán de una nueva era, de un nuevo paradigma de la sociedad, que, como Escarlata O'Hara gritó al cielo en el filme *Lo que el viendo se llevó*, jamás volverá a pasar hambre. Entonces, de repente, algún activo aumentará de precio. Algún agente económico empezará a prestar el dinero abundante a un tipo de interés bajo. La gente tomará dinero prestado y comprará esos activos, cuyo precio subirá como la espuma. Se inventará algún mecanismo para no tener que desembolsar el 100% de la compra: con sólo una parte será suficiente, y la garantía de que el pago va a realizarse íntegramente será el propio activo. Habrá complejidad, algo difícil de desentrañar. Muchos no entenderán nada pero no les importará en absoluto. El precio subirá a niveles estratosféricos. Los ciudadanos se endeudarán más allá de lo razonable, la locura se desatará. Unos pocos advertirán de la irracionalidad imperante, pero los harán callar y los tacharán de necios. El precio del bien se divorciará de su rendimiento, ninguna lógica inversora justificará la compra más que la posterior reventa. La sensación de enriquecimiento fácil y rápido contagiará a unos y otros. Muchos dejarán sus trabajos y empleos y se entregarán exclusivamente a la compraventa de ese activo. Sus beneficios iniciales los llevarán a endeudarse todavía más, pero su percepción del riesgo será nula: «El activo no puede bajar y actúa como garantía, estoy cubierto», se dirán. Luego sucederá algo tan concreto como irrelevante, anecdótico o marginal, poco importa. Alguien escribirá o dirá que es la señal de que todo ha acabado. Los vendedores superarán por vez primera a los compradores. El pánico se apoderará de los necios, las órdenes de venta se dispararán y los precios se derrumbarán a una velocidad nunca vista. Muchos se arruinarán. Quienes prestaron dinero no lo recuperarán. Un clamor popular denunciará que hubo engaño. Se pedirá más regulación, más control. Y después, abatida y arrepentida, la gente de esa región jurará por sus hijos que nunca más se repetirá una desgracia así. Para ellos, el síndrome del Necio estará erradicado. Sólo les restará sufrir sus consecuencias, lo que llevará cierto tiempo. Pasarán los años. Unas generaciones sustituirán a otras. Las ciudades cambiarán de aspecto. El viento se lo llevará todo. Poco a poco, la gente olvidará.

Por desgracia, la gente siempre olvida.

AGRADECIMIENTOS

Quiero agradecer las sugerencias de mejora que me hicieron las siguientes personas: Francesc Itchart, Emilio Mayo, Felipe Artalejo. Un especial agradecimiento también a mis agentes literarias: Isabel Monteagudo y Maru de Montserrat; al equipo editorial: Ana Lafuente y Belén López; así como a todas las personas pertenecientes a Temas de Hoy que, de algún modo, han participado en la publicación y difusión de este libro.

Impreso en Black Print CPI Ibérica, S. L.
c/ Torrebovera, s/n (esquina c/ Sevilla), nave 1
08740 Sant Andreu de la Barca (Barcelona)